Thomas Fritz
Peak Soil – Die globale Jagd nach Land

Über den Autor

Thomas Fritz ist freier Journalist und arbeitet seit vielen Jahren zu wirtschafts-, entwicklungs- und umweltpolitischen Themen. Er ist Autor zahlreicher Studien, Buch- und Zeitschschriftenbeiträge und freier Mitarbeiter des Forschungs- und Dokumentationszentrums Chile-Lateinamerika (FDCL) in Berlin. Eine Übersicht seiner Veröffentlichungen gibt es auf der Webseite: www.thomas-fritz.org

PEAK SOIL
Die globale Jagd nach Land

Thomas Fritz

FDCL-Verlag Berlin

Thomas Fritz
Peak Soil – Die globale Jagd nach Land
2. Auflage, Berlin 2010
Herausgeber: Forschungs- und Dokumentationszentrum
Chile-Lateinamerika (FDCL e.V.)

© FDCL-Verlag 2009, Gneisenaustraße 2a, D-10961 Berlin

Bildnachweise: Umschlagfoto (Leomar José Mees), S.23 (UNEP), S.41 (IRIN), S.44 (Wikimedia Commons), S.54 (DWS Fonds Prospekt), S.65 (Kamila Hyat/IRIN), S.71 (Vmenkow/Wikimedia Commons), S.79 (GRAIN), S.87 (Tiago Fioreze), S.94 (Taman Sastra Dan Jurnalisme), S.102 (www.UFZ.de), S.117 (Indymedia Brasil), S.122 (Ulamm/Wikimedia Commons), S.133 (Programme for Land and Agrarian Studies, University of the Western Cape)

Satz & Layout: Mathias Hohmann

Druck: agit-druck GmbH, Berlin

ISBN 978-3-923020-46-1

INHALT

1 Einleitung   **7**
Klimarentiers und Bodenspekulanten   10
Der Aufbau des Buches   14

2 Peak Soil   **17**
Die vermeintliche Landreserve   17
Unsichtbare Nutzer   21
Minifundien: Die schrumpfenden Höfe   25
Degradierte Felder   29
Verbrannte Erde   34

3 Landnahme   **38**
Daewoo und die Revolte in Tikoland   38
    Eine prekäre Welt   43
Shareholder-Landwirtschaft   49
    Lauter Philanthropen   53
Aufstieg der Agro-Holdings   56
Die Exklaven der Golfstaaten   61
    Grundstücksmakler im Helfergewand   66
Going global: Chinas Agrarinvestitionen   68
    Offensive des Lächelns   73
    Reis und Raub: Der Angriff der Hybride   77

4 Inwertsetzung   **84**
Die Zerstörung des brasilianischen Cerrado   85
Thailand: Der rettende Hafen der Subsistenz   92
Neoliberale Landreformen   95
Namibia: Keine Befreiung von den Landlords   99

5 Risikokapital — 106
Land und Gewalt — 106
Pakistan: Schutztruppe für Investoren — 107
Sudan: Lukrative Deals mit Warlords — 109
Kolumbien: Chiquitas bewaffneter Arm — 111
Privateigentum als Friedensstifter — 115
Simbabwes radikale Landreform — 118
Fast Track der Enteignung — 121
Eine neue Realität — 124

6 Die Agrarfrage — 128
Mit Soft Law gegen Landraub — 129
„Hart arbeitende Kleinbauern" — 131
Die „Überflüssigen" — 135

Endnoten — 142

Literatur — 153

Abkürzungen — 162

1 EINLEITUNG

Die kulminierenden kapitalistischen Krisen läuten eine neue Runde beim Wettlauf um Land ein: Angetrieben durch Hunger-, Energie- und Klimakrise schwappt eine anhaltende Welle von Bodengeschäften über den Globus. Agrarkonzerne, Finanzinvestoren und Regierungen erwerben teils riesige Flächen in Afrika, Asien, Südamerika und Osteuropa. Die deutsche Fondsgesellschaft *Aquila Capital* investiert in brasilianisches Land: Auf 250.000 Hektar will sie Rinder züchten, Zuckerrohr und Soja anbauen.[1] Im Sudan sicherten sich Investoren aus den Vereinigten Arabischen Emiraten 378.000 Hektar, aus den USA 400.000 Hektar und aus Südkorea 690.000 Hektar.[2] China unterzeichnete mit den Philippinen Pachtverträge über 1,2 Millionen Hektar, hauptsächlich für den Reisanbau.[3] Kongo-Brazzaville bietet dem südafrikanischen Bauernverband AgriSA bis zu 10 Millionen Hektar – eine Fläche, so groß wie Bayern und Baden-Württemberg zusammen.[4]

Das wahre Ausmaß dieser Geschäfte ist weitgehend unbekannt, ebenso die konkrete Zahl der Verträge. Der Weltbank-Ökonom Klaus Deininger schätzt, dass über 10 bis 30 Prozent des global verfügbaren Ackerlandes Verhandlungen laufen, bisher aber nur ein Teil der Verträge abgeschlossen wurde. „2008 war ein Riesensprung. Da haben sich die Pläne und Anträge in vielen Ländern mehr als verdoppelt, oft verdreifacht", sagt Deininger. In Mosambik belief sich die Nachfrage sogar auf das Doppelte des vorhandenen Ackerlandes. Vier Millionen Hektar habe die Regierung schließlich an Investoren vergeben.[5]

Freilich musste mancher Investor auch wieder den Rückzug antreten, dies besonders spektakulär in Madagaskar. Um Mais und Ölpalmen für den Export anzubauen, wollte der südkoreanische Konzern *Daewoo*

Logistics 1,3 Millionen Hektar pachten – ein Gebiet, fast halb so groß wie Belgien. Doch der Bürgermeister von Antananarivo, Andry Rajoelina, nutzte die Empörung seiner Landsleute, als er im März 2009 den madagassischen Präsidenten Marc Ravalomanana stürzte und die Verhandlungen stoppte.

Der geplatzte *Daewoo*-Deal führte allen Investoren die Risiken vor Augen. Manche Bodenprojekte liegen derzeit dank der Kreditklemme auf Eis oder werden wegen gefürchteter Widerstände nur noch verdeckt verhandelt. Mit Verweis auf die Finanzkrise verschiebt die saudische *Bin Ladin Group* ihren Plan, 500.000 Hektar für die Reiserzeugung im indonesischen Westpapua zu pachten.[6] Auch hier protestierte die ansässige Bevölkerung, deren Lebensraum durch großflächige Abholzungen zusehends schrumpft, während das Militär und private Sicherheitskräfte ihren Widerstand brutal unterdrücken.

Kambodscha verpachtet 130.000 Hektar für den Reisanbau an Kuwait, doch die Details hält die Regierung von Premierminister Hun Sen unter Verschluss. Selbst Abgeordnete bekommen keinerlei Informationen. Es herrsche eine „Kultur des Schweigens", beklagte sich der Oppositionspolitiker Son Chhay und verdeutlichte die Risiken: „Wenn es so weit ist, werden wir zweifellos erleben, dass die Armee geschickt wird, um Häuser einzureißen und auf Menschen zu schießen, wie sie es schon in der Vergangenheit getan hat, um die Leute von ihrem Land zu vertreiben."[7]

Was aber, so ließe sich fragen, ist an diesem Trend eigentlich neu? Schließlich okkupieren profitorientierte Konzerne schon seit vielen Jahrzehnten fruchtbarstes Tropenland, um *Cash Crops* wie Kaffee, Kakao oder Bananen für den Export anzubauen, und ihr Umgang mit der ansässigen Bevölkerung war nicht weniger rau als der heutiger Landjäger. Eine nähere Betrachtung der aktuellen Geschäfte aber zeigt, dass nun andere Motive, andere Akteure und andere Geschäftsmodelle hinzutreten.

Einer der markanten Unterschiede: Heute wird massiv in ausländische Agrarflächen investiert, um nicht nur Luxusgüter wie Kaffee anzubauen, sondern auch Grundnahrungsmittel wie Weizen, Reis oder Mais. Zu dem Motiv der Profitmaximierung gesellt sich also ein anderes: die Ernährungssicherheit. Mehrere Faktoren lösten einen kräftigen Preissprung der Agrarprodukte in den Jahren 2005 bis 2008 aus: die steigende Nahrungs- und Futtermittelnachfrage, die explodierende Biokraftstoffproduktion, der weltweite Abbau von Getreidereserven, der schwache Dollar sowie die Verteuerung von Düngern und Pflanzenschutzmitteln, verursacht durch den Ölpreisanstieg. Hinzu kamen Missernten, höhere Transportkosten und steigende Finanzinvestitionen an den Rohstoffbörsen.[8] Besonders einschneidend waren die befristeten Ausfuhrstopps wichtiger Agrarexporteure, die selbst Versorgungsprobleme bekamen: Indien, China und Vietnam lieferten keinen Reis; Argentinien, Kasachstan und Russland keinen Weizen. Gerade das führte allen importabhängigen Ländern ihre enorme Verwundbarkeit vor Augen.[9] Überdies gerieten viele Regierungen durch die Brotrevolten unter Druck; in mehr als 60 Ländern trieb die Verteuerung die Menschen auf die Straße.

Zwar gaben die Weltmarktpreise für Agrarprodukte infolge des massiven Konjunktureinbruchs seit Mitte 2008 wieder deutlich nach, bisher blieben sie aber auf wesentlich höherem Niveau als vor dem Boom. Experten gehen davon, dass der Aufwärtstrend mittelfristig anhält. Die Folgen sind dramatisch: Seit dem vergangenen Preissprung wächst das Heer chronisch Hungernder in rasendem Tempo und die Weltwirtschaftskrise stürzt jetzt noch mehr Menschen in die Armut. Zählte die UN-Landwirtschaftsorganisation FAO (*Food and Agriculture Organisation*) im Jahr 2005 noch 848 Millionen Hungernde, kletterte ihre Zahl 2009 auf über eine Milliarde (Schaubild 1).[10]

Schaubild 1: Chronisch Hungernde 1969 – 2009 in Millionen (Quelle: FAO)

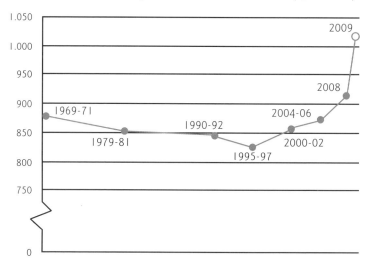

Importabhängige Länder ziehen derweil eine wichtige Lehre aus der Nahrungsmittelkrise: Sie können sich nicht mehr darauf verlassen, jederzeit Lebensmittel in ausreichender Menge und zu bezahlbaren Preisen auf dem Weltmarkt einzukaufen. Aus diesem Grunde versuchen finanzstärkere Regierungen, den Zugriff auf überseeische Kornkammern zu sichern. Zwei Gruppen treten besonders in Erscheinung: Golfstaaten, die unter einem erheblichen Mangel an fruchtbarem Land und an Süßwasservorräten leiden, sowie bevölkerungsreiche Schwellenländer mit zunehmenden Versorgungsproblemen wie China, Indien, Libyen oder Ägypten.

Diese Länder beschränken sich nicht mehr darauf, Getreide und Gemüse auf dem Weltmarkt einzukaufen, sondern sie betreiben ein förmliches *Outsourcing* ihrer Lebensmittelerzeugung. Häufig liefern staatliche Banken oder Fonds das nötige Kapital, während Unternehmen die Produktion übernehmen. Die Sicherheit der Lieferungen spielt dabei eine große Rolle. Auf die Frage, warum Saudi-Arabien nun so stark in die ausländische Agrarproduktion investiert, antwortete Abdullah al-Obaid, saudischer Vize-Landwirtschaftsminister: „Wir möchten die Nahrungsmittellieferungen selbst sicherstellen, das ist es."[11] Dieses Vorgehen hat einen weiteren Vorteil: Die mächtigen multinationalen Agrarhändler mit ihrem Preiskartell – vor allem *Archer Daniels Midland*, *Bunge* und *Cargill* – bleiben ausgeschaltet.

Mit verschiedenen Anreizen versuchen die Importländer, den Regierungen der Agrarexklaven Garantien der Ernteausfuhr abzuringen. Tauschgeschäfte sind dabei überaus verbreitet. Kambodscha erhält für die Überlassung seiner Böden an Kuwait Kredite in Höhe von 546 Millionen US-Dollar und kann damit einen Staudamm bauen. Ein Abkommen zwischen Libyen und der Ukraine sieht vor, dass die Nordafrikaner Öl liefern und im Gegenzug 100.000 Hektar ukrainischer Böden bekommen.[12] Kenia will dem Golfstaat Katar 40.000 Hektar im Feuchtgebiet des Tana-Deltas überlassen, dafür sollen die Kataris einen Hafen an der kenianischen Küste bauen. Die geplante Investition soll 2,5 Milliarden US-Dollar betragen.[13]

Klimarentiers und Bodenspekulanten

Selten fehlen sie in politischen Sonntagsreden: der Kampf gegen den Klimawandel und die Sicherung unserer Energieversorgung. Biokraftstoffe dienen vorgeblich beiden Zielen, fressen aber Land. Während Raps, Soja oder Ölpalmen den Rohstoff für Biodiesel liefern, dienen Mais, Rüben oder Zuckerrohr der Produktion von Ethanol. Immer zahlreicher aber werden die Konflikte um die monokulturellen Energiefelder, seien es die Palmplantagen in Indonesien und Kolumbien oder die vorrückenden Zuckerrohr- und Sojafronten in Brasilien. Mit den Biokraftstoffen tritt auch eine weitere Spezies von Landnutzern in Erscheinung: Energiekonzerne wie *Shell* oder *British Petroleum*. Belegten diese bisher schon beträchtliche Flächen für die Ausbeutung fossiler Energieträger wie Öl und Gas, beanspruchen sie nun auch noch Böden für den energetischen Ackerbau.[14]

Auch der florierende Handel mit Emissionszertifikaten soll dem Klimaschutz dienen, verlangt aber nach Feld und Flur. Denn es entsteht ein neues Segment des marktorientierten Klimaschutzes: der Erhalt von Böden und Biomasse als Kohlenstoffspeicher, auch Senken genannt. Regierungen, Unternehmen und Privatpersonen investieren in, so die Annahme, emissionsmindernde Projekte wie Waldschutzgebiete, Eukalyptusplantagen oder Biospritäcker und erhalten dafür ein Zertifikat. Während dies Privatpersonen ein gutes Gewissen verschafft, dient es Unternehmen zur Imagepflege oder zur Anrechnung auf ihre verpflichtenden Emissionsminderungen in regulierten Kohlenstoffmärkten.

An der Chicagoer Kohlenstoffbörse CCX sind viele dieser Senkenprojekte bereits zugelassen, im Europäischen Emissionshandelssystem bisher nicht. Eine Reihe solcher Projekte existiert auch unter dem *Clean Development Mechanism* (CDM) des Kyoto-Protokolls. Dieser ermöglicht es Industrieländern, einen Teil ihrer CO_2-Reduktionsverpflichtungen durch Klimaschutzinvestitionen in Entwicklungsländern zu erbringen. Ein Nachfolgeabkommen des Kyoto-Protokolls soll das Spektrum zulässiger Senkenprojekte deutlich erweitern, etwa im Waldschutz[15] oder, wie das Agrobusiness fordert, auch in der Landwirtschaft.[16]

Doch verstärken die bodenbezogenen Kohlenstoffzertifikate die Flächenkonkurrenz, wie OECD und FAO betonen: „Die entstehenden Kohlenstoffmärkte werden ebenfalls die Landverfügbarkeit betreffen, denn viele der Optionen (Biotreibstoffe, Senken) konkurrieren um die gleichen Bodenressourcen. Der daraus resultierende verstärkte Wettbewerb um Land könnte die Bodenpreise erhöhen", so ihre Einschätzung.[17] Das mit den Kohlenstoffzertifikaten mobilisierte Kapital steigert die Nachfrage nach Land und damit seinen Wert. Großgrundbesitzer können künftig eine noch höhere Bodenrente einstreichen, weil sie auch zu

Klimarentiers werden. Der marktorientierte Klimaschutz nährt die Bodenspekulation.

Die Flächenkonkurrenz ruft noch eine neue Klasse von Landjägern auf den Plan: Finanzanleger. Immer mehr Investmentfonds schießen aus dem Boden, um ihn zu erwerben. Banken und Fonds sind davon überzeugt, dass wir einen anhaltenden „landwirtschaftlichen Superzyklus" erleben, der auch den derzeitigen Kriseneinbruch überdauern werde. Private und institutionelle Anleger könnten mit dem Landkauf in eine sichere, inflationsbeständige Vermögensanlage investieren. Die erwarteten Wertsteigerungen seien Dünger fürs Depot.

Der Trend zu einer „Shareholder-Landwirtschaft" verändert die gesamte Ernährungsindustrie: Agrarhändler, Getreidemühlen und Lebensmittelfabriken gehen immer häufiger dazu über, selbst Land zu erwerben, um eine bezahlbare Rohstoffversorgung sicherzustellen. In Russland, Brasilien oder Angola operieren riesige, mit internationalem Kapital ausgestattete Holdinggesellschaften, die von der Landbewirtschaftung über die Verarbeitung bis zum Vertrieb mehrere Stufen der Wertschöpfung integrieren. David Lenigas, Vorstand des in Afrika aktiven Konzerns *Lonrho*, bringt diese Strategie auf den Punkt: „Die vertikale Integration der afrikanischen Agrarindustrie ist der Schlüssel zum Erfolg."[18]

Doch sind die Investoren überaus wählerisch; nicht jeder Flecken Erde verspricht hohe Ernten und Profite. Denn dafür braucht es neben Wasser und fruchtbaren Böden auch eine physische und rechtliche Infrastruktur: Straßen, Häfen und Eigentumsschutz. Ein weiteres Plus sind billige Arbeitskräfte. Aufgrund der unterschiedlichen Faktorausstattung stehen Agrarstandorte und Gebiete, die dazu werden wollen, in einem erbarmungslosen Wettbewerb. Daher versuchen Regierungen, die Investoren mit allerlei Vergünstigungen zu locken: agrarische Sonderwirtschaftszonen, Zoll- und Steuersenkungen sowie freie „Repatriierung" von Gewinnen und Ernten. Das Land bieten sie mitunter sogar kostenlos an.

Kehrseite der Jagd nach Land ist also die Jagd nach Direktinvestitionen. Die Flächenkonkurrenz vollzieht sich im Standortwettbewerb und ist deswegen doppelt gefährlich. Infolge der Wirtschaftskrise nimmt der Wettbewerb um die wählerischen Investoren noch an Schärfe zu; stärker als sonst erscheinen staatliche Auflagen da nur als Ballast. Das aber erhöht zusätzlich die Risiken aller Landbewohner mit unsicheren Nutzungsrechten. Während Vertreibungen von Landlosen, Bauern und Hirten grassieren, sind Entschädigungen häufig inexistent oder völlig unzureichend.

„Wir können jederzeit vertrieben werden", klagt Bernard Onyango im kenianischen Tana-Delta, auf das Katar und andere Investoren ein Auge geworfen haben. 150.000 Bauernfamilien, viele gehören zu den Gruppen der Orma oder Pokomo, leben in dem Feuchtgebiet, besitzen meist aber keine Landtitel. Aber nicht nur Bauernfamilien könnten den Landzugang verlieren, sondern auch die nomadischen Hirten aus dem ausgedörrten Norden Kenias, die während der Trockenzeiten ihre Herden in die Weidegründe des Deltas treiben. Ebenso machen sich die Fischer Sorgen, denn die Investoren müssten das Gebiet entwässern. „Was für uns bleiben wird, ist nur unsere Armut", fürchtet Onyango.[19]

Die Bodengeschäfte bergen sozialen und politischen Sprengstoff. Sie rauben nicht nur traditionellen Landnutzern die Existenzgrundlage, vielmehr gefährden sie Verbraucher in Stadt und Land, weil die Ernten zum großen Teil in den Export gehen. Wenn Katar seine Ernährungssicherheit auf Felder im Tana-Delta stützen will, tut es dies in einem Land, in dem 3,8 Millionen Menschen auf Nahrungsmittelhilfe der internationalen Gemeinschaft angewiesen sind. Eine der schlimmsten Trockenheiten bescherte Kenia im Jahr 2009 hohe Ernteausfälle und ließ Tausende Stück Vieh auf verdörrten Weiden verenden. Hinzu kamen hohe Lebensmittelpreise, die teilweise das Doppelte des Vorkrisen-Niveaus erreichten.[20]

Kenia ist keine Ausnahme: In mehreren der besonders attraktiven Agrarexklaven ist die Bevölkerung auf Nahrungsmittelhilfe angewiesen, etwa in Äthiopien, Madagaskar, Kambodscha oder im Sudan. Wenig sensibel für diesen Konflikt zeigte sich König Abdullah von Saudi-Arabien, als er im Januar 2009 öffentlichkeitswirksam die erste Ladung Reis präsentierte, die saudische Investoren auf seine Initiative hin in Äthiopien produzieren ließen.[21] Doch erhöhte sich im selben Jahr die Zahl der Äthiopier, die auf Nahrungsmittelhilfe angewiesen waren, von fünf auf sechs Millionen. Auch hier bildeten die Trockenheit und hohe Lebensmittelpreise einen tödlichen Mix.[22]

Mehr noch: Viele der Länder, die nun ihre Böden verschleudern, hängen in zunehmendem Maße von Lebensmittelimporten ab. Im Zuge der Schuldenkrise der 1980er Jahre machten Weltbank und Internationaler Währungsfonds (IWF) ihre Kredite von der Öffnung der Märkte und dem Wechsel vom Grundnahrungsmittel- zum *Cash Crop*-Anbau abhängig. Seither aber steigt das Agrarhandelsdefizit der Entwicklungsländer massiv an. Wies ihre Handelsbilanz in den 1970er Jahren noch

Überschüsse aus, sind heute zwei Drittel von ihnen Netto-Nahrungsmittelimporteure.[23] Gerade in den ärmsten Ländern, den sogenannten *Least Developed Countries*, nimmt die Importabhängigkeit bedrohliche Ausmaße an. Während die Preise für ihre tropischen *Cash Crop*-Exporte wie Kaffee, Kakao oder Tee verfielen, mussten sie immer mehr Grundnahrungsmittel importieren. Seit den 1980er Jahren verdoppelten sich ihre Weizen- und Reiseinfuhren und ihre Importabhängigkeit soll künftig noch steigen. Das UN-Entwicklungsprogramm UNDP warnte: „Sollten weder die erforderlichen kommerziellen Importe erfolgen, noch die Nahrungsmittelhilfe diese Lücke schließen können, wird der Lebensmittelkonsum pro Kopf unweigerlich sinken."[24] In zahlreichen Ländern ist dieses Szenario bereits Realität. Treten sie nun aber noch ihre fruchtbaren Böden ab und lassen unbegrenzte Nahrungsmittelexporte zu, nehmen sie Kurs auf weitere Brotrevolten. Die Landgeschäfte sind eine tickende Zeitbombe.

Der Aufbau des Buches

Land ist eine knappe Ressource. Doch ihr Schutz fällt offenbar genauso schwer wie ihre gerechte Nutzung. Am Beispiel der neuen Landnahme zeigt dieses Buch, warum beides immer weniger gelingt. Vor allem fruchtbarer Boden fällt zunehmend der Urbanisierung, Industrialisierung und Umweltzerstörung zum Opfer. Die Menschheit überschreitet nicht nur den Gipfel der Ausbeutung von Öl, den *Peak Oil*, sondern auch der Vernutzung von Boden, *Peak Soil*. Diesen Trend beschreibt das nachfolgende **Kapitel 2**. Es schildert die fragwürdigen Berechnungen einer vermeintlich ungenutzten globalen Landreserve, die mannigfaltigen ökologischen Schäden der Böden, die Folgen des Klimawandels sowie die Malaise der über zwei Milliarden Kleinbauern der Dritten Welt. Entgegen mancher Vermutungen nimmt ihre Zahl in vielen Ländern noch zu, doch müssen sie mit immer kleineren Parzellen auskommen.

Kapitel 3 nimmt die Akteure der neuen Landnahme in den Blick. Es analysiert den Fall des südkoreanischen Konzerns *Daewoo Logistics* in Madagaskar und die Faktoren, die zum Scheitern des dortigen Pachtgeschäfts führten, darunter die Rolle der Entwicklungshilfe. Das Kapitel beschreibt ferner die rasante Zunahme von Finanzinvestitionen in den Land- und Agrarsektor, die Entstehung einer vertikal integrierten „Shareholder-Landwirtschaft" sowie die landwirtschaftlichen Auslandsinvestitionen der Golfstaaten und Chinas. Das Beispiel der Expansion von chinesischem Hybrid-Reis auf den Philippinen verdeutlicht dabei die enge Kopplung zwischen der Landnahme und dem industriellen Produktionsmodell.

Die Landnahme selbst ist freilich nur der erste Schritt in einem umfassenderen Prozess der produktiven Inwertsetzung des Bodens. **Kapitel 4** widmet sich deswegen der folgenreichen Inwertsetzungsstrategie internationaler Organisationen, und hier vor allem der Weltbank. Diese legte jüngst einen Masterplan für die Kommerzialisierung von Savannen vor, die als bedeutender Teil der globalen Landreserve gelten. Die Erschließung des brasilianischen Cerrado und des thailändischen Nordostens dienen ihr dabei als Referenz für einen Prozess, den sie nun auch in Afrika forcieren will. Das Kapitel zeichnet die Folgen kommerzieller Landwirtschaft in diesen beiden Regionen nach. Ergänzend analysiert es die marktgestützten Varianten von Bodenreformen, die ein bedeutendes Element der Kommerzialisierungsansätze bilden. Dabei zeigt das Beispiel Namibias, wo die deutsche Entwicklungshilfe im Interesse deutschstämmiger Farmer eine solche Reform propagiert, wie diese Ansätze die Bodenkonzentration konservieren.

Kapitel 5 schließlich greift den stark vernachlässigten Zusammenhang zwischen Land und Gewalt auf. In fast allen länger andauernden bewaffneten Konflikten, viele davon gelten heute als innerstaatlich, spielte der Zugang zu Land eine Rolle. Die aktuelle Welle von Bodengeschäften birgt das Risiko, schlummernde Konflikte zum Ausbruch zu bringen oder existierende zu verschärfen, was an den Beispielen Pakistans, des Sudans und Kolumbiens verdeutlicht wird. Daneben macht das Kapitel auf die Versuche Neoliberaler aufmerksam, Privateigentum an Land von einer Quelle solcher Konflikte zu einem Instrument der Befriedung umzudeuten. Damit verfolgen sie das Ziel, umverteilende Landreformen als ineffizient und eigentliche Ursache der Gewalt darzustellen. Eines ihres beliebtesten Beispiele ist die angeblich gescheiterte enteignende Landreform Simbabwes unter Robert Mugabe. Die Genese der simbabwischen Reform zeigt jedoch, dass gerade die Verteidigung der ungerechten Bodenordnung den Konflikt verschärfte. Auch führten die Enteignungen kommerzieller Farmer nicht zu dem totalen landwirtschaftlichen Niedergang, der oftmals behauptet wird.

Das abschließende **Kapitel 6** diskutiert die Vorschläge, die nun ins Spiel gebracht werden, um die Risiken der anschwellenden Welle von Agrarinvestitionen zu mindern. Weltbank, FAO und Entwicklungsagenturen betrachten diesen Trend grundsätzlich als Chance, denn nun fließen Mittel in die lange vernachlässigte Landwirtschaft. Sie meinen, die Risiken ließen sich durch Verhaltensrichtlinien und die Einbindung von Kleinbauern in den kommerziellen Vertragsanbau abfedern. Skeptiker dagegen glauben, dass diese Ansätze nur ein Minderheitenprojekt sind. Die Kommerzialisierung produziere ganz im Gegenteil eine wachsende Überschussbevölkerung, für die es kein Entwicklungsprojekt mehr gebe, sondern bestenfalls Sozialhilfe. Die „Überflüssigen" seien zu einer prekären Subsistenz in Ungunsträumen verdammt, wo sie einem konservativen Tribalismus überlassen bleiben.

2 Peak Soil

Die vermeintliche Landreserve

Nie waren sie aktueller, die „Grenzen des Wachstums". Dank des Klimawandels und seiner bedrohlichen Folgen treten die vielfältigen Verknappungsphänome natürlicher Ressourcen wieder in das öffentliche Bewusstsein. Stand in früheren Jahren vor allem die Erschöpfung der Erdölvorräte im Mittelpunkt der Diskussion, erobert heute die Verknappung von Ackerland und Süßwasser vordere Plätze in der Hitliste der Krisenszenarien. Die bange Frage lautet: Wieviel fruchtbares Land gibt es eigentlich noch, um die steigende Nachfrage nach Nahrung, Futtermitteln, Bioenergie und nachwachsenden Rohstoffen zu befriedigen? Haben wir nicht schon die maximal mögliche Ausbeutung der Böden, den *Peak Soil* wie es im Englischen heißt, überschritten? Die Landwirtschaftsorganisation der Vereinten Nationen FAO meint, die Antwort zu kennen.

Mehr als 1,5 Milliarden Hektar werden heute als Ackerland und für Dauer- oder mehrjährige Kulturen (etwa Wein, Obstbäume, Ölpalmen) genutzt. Hinzu kommen rund 3,4 Milliarden Hektar Wiesen, Weiden und Savannen, die vielfach der extensiven Viehhaltung dienen. FAO-Experten glauben, dass für den Regenfeldbau – und dies mag verwundern – zusätzlich eine potenziell nutzbare Fläche von 2,7 Milliarden Hektar zur Verfügung stehe. Der Löwenanteil dieser Reserve finde sich mit 1,8 Milliarden Hektar in Entwicklungsländern, vornehmlich Afrika und Lateinamerika, der Rest hauptsächlich in Nordamerika, Europa und den ehemaligen Ostblock-Staaten (Schaubild 2, S.18). Die globale Reserve zeige, „dass es immer noch Raum gibt für die Expansion landwirtschaftlicher Nutzflächen", folgern die optimistischen Experten.[25]

Schaubild 2: Angebliche Landreserve (in Millionen Hektar, Quelle: FAO)

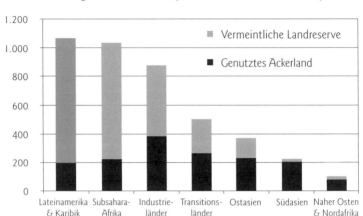

Diese vordergründig beruhigende Nachricht erfordert jedoch vielerlei Einschränkungen. So ist die unterstellte Bodenreserve sehr ungleich verteilt. Südasien, Nordafrika und der Nahe Osten haben ihre Reserve weitgehend erschöpft; das potenzielle Agrarland ist hier fast vollständig in Produktion. „In einzelnen Staaten dieser Regionen ist die Landbilanz faktisch sogar negativ", stellt FAO-Gutachter Jelle Bruinsma fest. Hier beackern die Bauern mit erheblichem Arbeits- und Kapitaleinsatz als ungeeignet klassifizierte Böden, sei es durch die aufwändige Terrassierung von Abhängen oder durch die intensive Bewässerung von Trockengebieten.[26]

Über die Hälfte der vermeintlich ungenutzten 1,8 Milliarden Hektar der Entwicklungsländer konzentrieren sich in nur sieben Staaten: Brasilien, Demokratische Republik Kongo, Sudan, Angola, Argentinien, Kolumbien und Bolivien. Brasilien führt diese Liste mit großem Abstand an: In dem südamerikanischen Land vermuten die Statistiker eine gigantische Reserve von 500 Millionen Hektar – 14 mal das Staatsgebiet Deutschlands. Die zweitplatzierte Demokratische Republik Kongo sei stolze Besitzerin von immerhin 160 Millionen Hektar ungenutzter Böden.[27]

Ob das Landguthaben der Menschheit tatsächlich noch so üppig ausfällt, darüber gehen die Expertenmeinungen allerdings auseinander. Die methodische Komplexität bringe „eine extreme Spannbreite" der wissenschaftlichen Schätzungen hervor, wie auch die FAO einräumt.

Skeptiker meinen beispielsweise, dass in Gebieten, in denen angeblich 50 Prozent der potenziellen Agrarfläche ungenutzt seien, die realistische Reserve meist nur zwischen 3 bis 25 Prozent betrage.[28] Andere Studien stellten fest, dass das vermeintliche Guthaben bereits für andere Zwecke verausgabt wurde. So seien 45 Prozent der potenziell nutzbaren Böden mit Wäldern bedeckt, auf 12 Prozent gebe es Naturschutzgebiete und auf 3 Prozent menschliche Siedlungen.[29]
Eine weitere bedeutsame Einschränkung betrifft die Bodeneigenschaften. Als für den Ackerbau geeignet werden schon Böden klassifiziert, auf denen mitunter nur eine einzige Kulturpflanze mit einem minimalen Ertrag gedeiht. Auf großen Flächen in Nordafrika etwa lassen sich nur Olivenbäume und andere genügsame Kulturen pflanzen. Für die Ernährungssicherheit sind solche Gebiete nur von eingeschränktem Wert.

Doch womöglich liegen selbst die vorsichtigen Schätzungen des globalen Landvorrats, die Wälder, Schutzgebiete und Siedlungen berücksichtigen, daneben. Denn überaus bedeutsame Formen der Landnutzung werden häufig ignoriert, wie zum Beispiel der Wanderfeldbau. Nach verschiedenen Schätzungen betreiben 200 bis 500 Millionen Menschen in Afrika, Lateinamerika und Südostasien diese Form der Landwirtschaft für ihre Subsistenz.[30]

Im Wanderfeldbau wird die vorhandene Vegetation in Wald- oder Savannengebieten gerodet und abgebrannt, um kleine Felder anzulegen, die meist nur 1 bis 3 Jahre mit hinreichendem Ertrag bestellt werden können.[31] Danach weichen die Kleinbauern auf andere Flächen aus und lassen die Felder unterschiedlich lang brach liegen. Die Spanne reicht von 3 bis 15 Jahren. In den Tropen ist oftmals eine weit längere Brachezeit für die Regenerierung der Böden erforderlich als in gemäßigten Breiten. Die Flächenstatistiker aber neigen dazu, die tropischen Brachen als ungenutzt darzustellen und großzügig ihrer vermeintlichen Landreserve zuzuschlagen.

In ihrem Report *Agricultural Outlook 2009-2018* betrachten OECD und FAO nur solche Felder als genutzt, die „weniger als fünf Jahre" brach liegen. Äcker, deren Brachezeit fünf oder mehr Jahre beträgt, fallen aus der Berechnung der Nutzfläche grundsätzlich heraus. Ergänzend heißt es: „Verlassenes Land des Wanderfeldbaus ist nicht eingeschlossen."[32] Durch diese statistische Willkür erscheint ein großer Teil der Flächen des Wanderfeldbaus als ungenutzt und taucht als Reserve auf.

Die verbreitete Ignoranz gegenüber dem Wanderfeldbau ist jedoch kein Zufall. Schon seit vielen Jahren wird über seine ökonomische Effizienz und ökologische Tragfähigkeit gestritten. Manche Wissenschaftler und UN-Organisationen machen diese Praxis der Subsistenzlandwirtschaft für Waldverlust und Bodendegradierung verantwortlich und propagieren stattdessen kontinuierliche Land- und Forstwirtschaft konzentriert an Gunststandorten. Der traditionelle Wanderfeldbau indes solle über kurz oder lang verschwinden.

Bereits 1957 lancierte die FAO einen dramatischen Appell: „Wanderfeldbau in den feuchten Tropen ist nicht nur das größte Hindernis für die unmittelbare Steigerung der Agrarproduktion, sondern auch für den Erhalt des künftigen Produktionspotenzials von Böden und Wäldern." Es handle sich um eine „rückständige Form landwirtschaftlicher Praxis", ja um eine „rückständige Stufe der Kultur". Sie entspreche dem „neolithischen Zeitalter".[33] Diesem Credo blieb die Organisation über die Zeit treu. Mitte der 1980er Jahre malte sie die finale Krise des Wanderfeldbaus an die Wand, da er „den ‚Luxus' erfordert, Land über lange Zeit brach liegen zu lassen". Diesen Luxus könne man sich heute aber nicht mehr leisten: „Es ist einfach nicht möglich, Wanderfeldbau zu praktizieren, wenn die Bevölkerungsdichte steigt und nicht mehr genug Land für eine ausreichende Bracheperiode übrig ist."[34]

Doch zeigen empirische Studien, dass Wanderfeldbau keineswegs an Bedeutung verliert. Ganz im Gegenteil reagiert er aufgrund seiner vielfältigen Anbaupraxis ungemein flexibel auf veränderte Umweltbedingungen, kommt ohne teure landwirtschaftliche Inputs aus und bleibt deswegen alternativlos für die große Zahl verarmter Kleinbauern in der Welt. Die unterstellte Waldzerstörung lässt sich in den meisten Fällen auch nicht bestätigen, weil die Bauern in erster Linie regenerierte Brachflächen, auf denen Gräser, Büsche oder Bäume nachwuchsen, nach einigen Jahren erneut bewirtschaften. Wenn sie also Bäume fällen, handelt es sich überwiegend um von ihnen selbst vor Jahren angelegten Sekundärwald. Die Brachen bereiten sie durch gezielte Wiederaufforstungsarbeiten für einen kommenden Anbauzyklus vor, damit sich die Fruchtbarkeit der Böden erneuern kann. Zwar verändern sie damit durchaus die natürliche Zusammensetzung des Waldes, aber, wie etwa dänische Forscher betonen, „nicht so radikal wie landwirtschaftliche Urbarmachung, die zur Umwandlung von Wald in dauerhafte Felder führt".[35]

Untersuchungen in Westafrika widersprechen überdies der These, die vermeintliche Waldzerstörung durch Wanderfeldbau werde durch

Bevölkerungsdruck notwendig verschärft. In Guinea, der Elfenbeinküste und Kamerun besiedelten Familien Savannenlandschaften, entwickelten einstige Brachen, pflanzten Gräser, Büsche und Bäume, betrieben Feldbau und Viehwirtschaft und sorgten dadurch für einen wachsenden – teils lockeren, teils dichteren – Baumbestand. In Interviews, die die Wissenschaftler James Fairhead und Melissa Leach in der Elfenbeinküste durchführten, berichteten Dorfälteste, dass das Waldgebiet, in dem sie leben, zum Zeitpunkt der Besiedlung im 18. Jahrhundert noch Kargland war. Ihre Vorfahren jedoch pflanzten Bäume, die ihnen Holz und Waldfrüchte lieferten, die Bodenfruchtbarkeit erhöhten, natürlichen Schutz boten und „als Hochsitze dienten, um die verbündeten Siedlungen in der offenen Savanne zu überblicken".[36]

Ähnlich zeigten Wissenschaftler in Guinea, dass Kleinwälder und Bauminseln, die Ökologen als Überreste einstiger Urwälder interpretierten, tatsächlich das Ergebnis der Besiedlung von Savannen und kleinbäuerlicher Land- und Forstwirtschaft waren. Die Forscher folgerten: „Bevölkerungswachstum implizierte mehr Wald, nicht weniger."[37] Auch hält die Besiedlung der Savannen unverändert an. Seit dem Beginn des 20. Jahrhunderts wird ein förmlicher Prozess der „Rekolonisierung von Savannen" beobachtet. In den optimistischen Szenarien über vermeintlich ungenutzte Landreserven ist davon allerdings keine Rede.

Unsichtbare Nutzer

Noch eine Gruppe von Menschen machen die globalen Landvermesser unsichtbar: die vielen sesshaften und nomadischen Hirten, die sogenannten Pastoralisten. Auf 25 Prozent der globalen Landfläche betreiben Hirten extensive Viehhaltung von Kamelen, Lamas, Rindern, Yaks, Schafen oder Ziegen. Ihre weltweite Herde umfasst eine Milliarde Stück Vieh.[38] Auch sind sie keineswegs unbedeutend. Allein die verschiedenen Gruppen wandernder Hirten werden weltweit auf 100 bis 200 Millionen Menschen geschätzt. Laut der *World Initiative for Sustainable Pastoralism*, einer Initiative mehrerer UN-Organisationen, „steigt diese Zahl sehr stark", wenn zusätzlich Agropastoralisten berücksichtigt werden, die Viehhaltung mit Ackerbau verbinden.[39]

Pastoralisten finden sich auf dem gesamten afrikanischen Kontinent nördlich und südlich der Sahara, auf der arabischen Halbinsel, in den

Hochländern und Steppen Zentralasiens, in Südasien sowie in Lateinamerika, etwa in den Anden oder in den Savannen des Chaco. In den trockenen und halbtrockenen Gebieten der Erde stellen die Hirten häufig sogar den Großteil der Bevölkerung. Gleichwohl werden sie in den meisten Staaten marginalisiert. In Afrika raubten ihnen die willkürlichen Grenzziehungen der Kolonialmächte, die ihr Gebiet als Niemandsland (*Terra Nullius*) betrachteten, die für das Überleben ihrer Herden notwendige Bewegungsfreiheit.

Opfer einer der größten Landnahmen wurden die Vieh züchtenden Maasai im seinerzeitigen Britisch-Ostafrika, deren Land die britischen Kolonialherren enteigneten und an Siedler verkauften. Die Maasai vertrieben sie in trockene Reservate im Süden des heutigen Kenias und im Norden Tansanias. Der Gouverneur des britischen Protektorats, Sir Charles Elliot, rechtfertigte das rücksichtslose Vorgehen der Kolonialisten: „Es kann keinen Zweifel geben, dass die Maasai und andere Stämme untergehen müssen. Ich habe nicht das geringste Interesse, das Maasaitum zu schützen. Es ist ein blutiges System, gegründet auf Raub und Amoralität, zerstörerisch für die Maasai selbst und für ihre Nachbarn. Je eher es verschwindet (...), umso besser."[40]

Aufgrund ihrer Wanderungen zu Wasserstellen und Weidegründen gelten Pastoralisten auch heute noch in vielen Ländern als „unbequeme Nachbarn", als lästig, rebellisch und staatsfeindlich. Moderne „Errungenschaften", etwa die Besteuerung, lehnen sie rundweg ab, weil sie weder von den Kolonialherren noch den unabhängigen Staaten jemals Unterstützung erfahren haben. Vor allem in Ostafrika werden ihre teilweise großen Herden, die eine Versicherung gegen natürliche Risiken wie Dürren oder Krankheiten sind, häufig als selbstzerstörerisch dargestellt, da sie angeblich zu Überweidung führen.

Heute schrumpft die Bewegungsfreiheit der Hirten zusehends durch die vielen Formen der Einhegung von Savannen und Weiden, seien dies Bewässerungsprojekte, expandierende Plantagen, Großfarmen, Naturschutzgebiete, Wildtierreservate oder kontrollierte Jagdgründe. Um den Tourismus anzukurbeln, richteten viele Staaten riesige Nationalparks auf Hirtengebiet ein. Kenia verfügt über 26 Nationalparks, 26 Reservate und diverse weitere Naturschutzgebiete, die 7,5 Prozent des nationalen Territoriums beanspruchen. Das benachbarte Tansania vewandelte mehr als ein Viertel seiner Landmasse in National- und Safariparks. Die beiden größten Nationalparks, Ngorongoro und Serengeti, finden sich ebenfalls auf Nomadengebiet.[41]

Sudan: Kamelherde der Shanabla an einer Wasserstelle

Aufgrund der Flächenkonkurrenz kommt es immer häufiger zu gewaltsamen Auseinandersetzungen unter verschiedenen Gruppen von Pastoralisten und zwischen wandernden Hirten und sesshaften Bauern. Blutige Kämpfe um den Zugang zu Weideland und Wasserquellen oder um die Routen der Herden entbrannten in Uganda, Kenia, Somalia, Äthiopien und im Sudan.

Folglich werden Pastoralisten in vielen Ländern als gefährliches „Entwicklungshemmnis" betrachtet, das es zu überwinden gelte. Gestützt durch internationale Entwicklungshilfe zielte staatliche Politik bis in die jüngste Vergangenheit darauf ab, Weidegründe zu privatisieren, Nomaden sesshaft zu machen und lediglich einen Teil der Hirten als Arbeitskräfte in intensive Vieh- und Landwirtschaft, etwa Rinderfarmen, einzubinden. Um dieses Vorgehen zu legitimieren, werten Regierungen die enormen Beiträge von Hirten zur Ernährungssicherheit und zur Erhaltung von Ökosystemen systematisch ab oder ignorieren sie gänzlich.[42]

Da Hirten sich, anders als moderne Tierfabriken, weit stärker auf die Nutzung von Lebendvieh denn auf Schlachtvieh konzentrieren, liefern ihre Herden eine große Vielfalt von Produkten. Fleisch, Felle und Leder haben eine geringere Bedeutung als die Produktion von Milch, Wolle, Garn, Dung oder die Zucht. Die Herden sind wandelnde Lebensmittel- und Warenlager. Daneben dient das Vieh als Transport- und

Arbeitsmittel, dem Gelderwerb, der Risikovorsorge und dem Inflationsschutz. In agropastoralistischen Systemen ist die Viehhaltung zudem eng mit dem Ackerbau verwoben. In der bolivianisch-peruanischen Hochebene Altiplano scheiterten Entwicklungsprojekte, die zu einer Verringerung der Herden von Lamas, Alpacas und Schafen der Aymaras führen sollten, unter anderem deswegen, weil es kein billiges Substitut für den Dung der Herden gibt. Er erwies sich als unersetzlich für die Düngung der Felder. „Weniger Tiere würden einen geringeren Lebensstandard für die Hirten bedeuten", heißt es in einer Studie über das System im Altiplano. Jede Entwicklungsstrategie, die auf einen Ersatz durch weniger, aber leistungsfähigere Tiere abziele, würden die Agropastoralisten als „irrational" ansehen.[43]

In manchen Staaten, etwa Äthiopien, produzieren Hirten die Mehrheit der von der Bevölkerung konsumierten Milch, und dies auch noch billiger als die kommerziellen Großbetriebe, obgleich sie trockenere Weidegründe nutzen. Eine Auswertung von Fallstudien ergab, dass die Hektarproduktivität afrikanischer Hirten zwei- bis zehnmal größer ist als die großer Viehfarmen. So wurde etwa das traditionelle System der Borana im südlichen Äthiopien mit industriellen Viehfarmen in Australien verglichen. Es zeigte sich, dass die Herden der Borana deutlich höhere Erträge an tierischer Energie und an Proteinen liefern. Die australischen Farmen „realisierten pro Hektar nur 16 Prozent der Energie und 30 Prozent der Proteine im Vergleich zum Borana-System".[44]

Auch für die Artenvielfalt können die Herden der Hirten überaus förderlich sein. Viele Weidelandschaften und Savannen sind förmlich darauf angewiesen, dass auf ihnen gegrast wird. Gras und Grasende haben sich in Co-Evolution entwickelt. Die enorme Vielfalt der von Hirten gezüchteten Nutztierrassen und die Artenvielfalt der Vegetation ergänzen einander. Für Grasland gibt es daher nicht nur die Gefahr von Überweidung, sondern auch von „Unterweidung". Zögen nicht immer wieder Herden über sie hinweg, würden diese Landschaften ganz verschwinden. Gestrüpp würde sich ausbreiten, die Biodiversität schrumpfen und der Wasserhaushalt leiden.

Die Tierwelt zieht ebenfalls Nutzen aus dem Pastoralismus. Im Gebiet der kenianischen Maasai verglichen Wissenschaftler die Wildtiervielfalt innerhalb von Großwildreservaten mit jener außerhalb. Es stellte sich heraus, dass den Touristen in den Safari-Parks allerhand entgeht. „Die

größte Diversität und Konzentration von Wildtieren wurde nicht innerhalb der Parks, sondern in unmittelbarer Nachbarschaft von grasenden Viehherden gefunden", lautet das Ergebnis dieser Untersuchung. Es lasse sich daher zeigen, „dass die Tierwelt von der Anwesenheit von Siedlungen und Pastoralisten profitiert".[45]
 Dennoch wird der Pastoralismus, ähnlich wie der Wanderfeldbau, ignoriert, vernachlässigt oder diffamiert. Hirten und ihre Leistungen für die Ernährungssicherheit, die Artenvielfalt, den Boden- oder Wasserschutz werden unsichtbar gemacht, in der falschen Annahme, es falle dann auch nicht auf, wenn sie ganz verschwinden. Entsprechend betrachten Regierungen und Flächenstatistiker ihre Weidegründe, Brachen und Äcker als „ungenutzt". Die Szenarien über vermeintliche Landreserven antizipieren das von ihren Schöpfern erhoffte Verschwinden von Kleinbauern und Hirten, von Wanderfeldbau und Pastoralismus.

Minifundien: Die schrumpfenden Höfe

Die Landnutzungstrends der vergangenen Jahrzehnte zeigen es deutlich: Die Menschheit überschreitet den Gipfel der Bodenvernutzung, den *Peak Soil*. Zwar ließ sich die weltweite Ackerfläche in den letzten vier Jahrzehnten noch vergrößern, die Expansionsrate nimmt jedoch ab. Die feldbauliche Landnahme stößt zunehmend an Grenzen, auch geht noch immer fruchtbarer Boden an Städte, Straßen und Industriegebiete verloren.
 Im Zeitraum 1961 bis 2007 vergrößerten sich die globalen Äcker um 135 Millionen Hektar. Dieses Wachstum war das Ergebnis zweier gegenläufiger Trends: Während in den Entwicklungsländern die Felder wuchsen, schrumpften sie in Industrieländern und im ehemaligen Ostblock. Die Zuwächse erfolgten vor allem in Subsahara Afrika, Asien und Lateinamerika. Allein in Brasilien expandierte die Agrarfront in dieser Zeit um 145 Prozent, konkret um 35 Millionen Hektar.[46] Dies entspricht fast der Größe Deutschlands mit seinen 35,7 Millionen Hektar.
 Gleichwohl verlangsamte sich die Ausdehnung und die guten Böden sind auch schon vergeben: „Das beste Land für den Regenfeldbau wird bereits genutzt und eine Expansion in andere Gebiete würde im Durchschnitt höhere Kosten mit sich bringen", berichten OECD und FAO.[47]
 UN-Mitarbeiter gehen in einem Szenario für das Jahr 2050 davon aus, dass die Ackerfläche in Entwicklungsländern noch um rund 120 Mil-

lionen Hektar wachsen wird, während sie in Industrieländern um 24 Millionen Hektar schrumpft. Doch hat die Expansion im Süden einen hohen Preis: „Ein unbekannter Teil der neuen Flächen, die in Produktion zu bringen sind, wird von Land stammen, das gegenwärtig noch Wald ist", sagt der FAO-Gutachter Jelle Bruinsma.[48] Noch sind 30 Prozent der Landmasse der Erde mit Wald bedeckt (rund 4 Milliarden Hektar), 36 Prozent davon sogenannte Primärwälder. Alljährlich aber gehen rund 13 Millionen Hektar durch Entwaldung verloren, hauptsächlich für die Gewinnung von Agrarland. Die noch weitgehend ökologisch intakten Primärwälder schrumpfen um 6 Millionen Hektar pro Jahr. Der Löwenanteil der Waldverluste erfolgt in den Tropen, hauptsächlich in Südamerika und Afrika.[49]

Kalkulationen der globalen Bodenreserve relativieren sich schließlich sehr stark, wenn die für jeden Menschen verfügbare Ackerfläche berücksichtigt wird. Da sich die Weltbevölkerung zwischen Anfang der 1960er und Ende der 1990er Jahre von 3,1 Milliarden auf über 5,9 Milliarden Menschen nahezu verdoppelte, verringerte sich die pro Kopf vorhandene Ackerfläche bereits um 40 Prozent: von 0,43 Hektar Anfang der 60er auf 0,26 Hektar Ende der 90er Jahre.[50] Dieser Trend wird sich angesichts des Bevölkerungswachstums noch fortsetzen (Schaubild 3).

Nach den jüngsten UN-Prognosen erhöht sich die Weltbevölkerung von 6,8 Milliarden Menschen im Juli 2009 auf 9,1 Milliarden im Jahr 2050, das Wachstum nimmt allerdings ab. Schon in der zweiten Hälfte der 1960er Jahre erreichte die Wachstumsrate der Weltbevölkerung mit 2 Prozent ihren Gipfelpunkt und vermindert sich seither kontinu-

Schaubild 3: Genutztes Ackerland (in Hektar) pro Kopf (Quelle: Bruinsma/FAO)

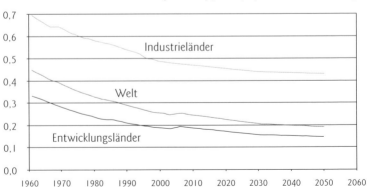

ierlich. Heute, das heißt im Zeitraum 2005-2010, beträgt die Wachstumsrate nur noch 1,18 Prozent und soll nach dem UN-Szenario bis 2045-2050 auf 0,34 Prozent absinken.[51]

Gleichwohl werden die weltweit pro Kopf verfügbaren Ackerflächen mittelfristig aufgrund der demographischen Entwicklung und der Expansion der ressourcenintensiven Produktions- und Konsumweise weiter schrumpfen – dies aber mit erheblichen regionalen Unterschieden. Während Bäuerinnen und Bauern in Osteuropa, Zentralasien und Lateinamerika wegen der relativ niedrigen Bevölkerungsdichte und der anhaltenden Landflucht noch über vergleichsweise große Flächen verfügen können (vorausgesetzt, sie würden gleicher verteilt), hat sich das Angebot in Afrika, im Mittleren Osten sowie in Süd- und Ostasien bereits erheblich vermindert und wird auch weiter sinken. In Afrika etwa schrumpfte das pro Kopf verfügbare Ackerland zwischen 1987 und 2003 von knapp 0,28 Hektar auf nur noch 0,22 Hektar.[52]

Durch das Bevölkerungswachstum und die fortwährende Aufteilung der familiären Flächen bei der Vererbung vermehren sich in vielen Regionen die kleinbäuerlichen Betriebe, während die durchschnittlichen Hofgrößen sinken. In manchen Ländern kommt erschwerend hinzu, dass sich die verfügbaren Flächen aufgrund der Expansion von Siedlungen, Straßen und Industrie weiter verminderten. In Bangladesch ging die landwirtschaftliche Nutzfläche zwischen 1977 und 1996 um 13 Prozent zurück, während sich die Zahl der Farmen verdoppelte. Entsprechend verkleinerte sich die durchschnittliche Hofgröße von 1,4 auf 0,6 Hektar. Zusätzlich verschärfte sich die Situation durch die wachsende Bodenkonzentration. Da die Großfarmen ihren Landbesitz noch erhöhten, nahm die Zahl der Mini-Betriebe mit weniger als 0,2 Hektar überproportional zu. Auf solch kleinen Parzellen ist ein Überleben kaum noch möglich. Viele Menschen wandern ab und die Landlosigkeit wächst.[53]

In Indien verringern sich ebenfalls die Flächen und die durchschnittlichen Hofgrößen. Letztere schrumpften zwischen 1960 und 2000 von 2,6 auf 1,4 Hektar, und dies mit weiter fallender Tendenz. Viele weitere Länder verzeichnen ähnliche Schrumpfungsprozesse. In Malawi sackte die durchschnittliche Hofgröße zwischen 1981 und 1993 von 1,2 auf 0,8 Hektar ab.[54] In Pakistan halbierte sie sich zwischen 1980 und 2000 von rund 3 auf nur noch 1,6 Hektar, in Panama stürzte sie zwischen 1971 und 2001 von 3,7 auf nur noch 0,7 Hektar ab und in der Demokratischen Republik Kongo verminderte sie sich zwischen 1970 und 1990 von 1,2 auf nur noch 0,3 Hektar.[55]

Auch in Ländern, in denen sich die landwirtschaftliche Nutzfläche durch Waldrodung noch vergrößerte, verminderten sich dennoch wegen der Vermehrung der Betriebe die durchschnittlichen Hofgrößen, so in Thailand, Ekuador oder Tansania. In anderen Ländern, in denen wie in Brasilien oder Botswana viele kleine Betriebe aufgrund der Bodenkonzentration bereits aufgeben mussten, lässt sich – wenig überraschend – auch eine Zunahme der durchschnittlichen Betriebsgrößen feststellen.[56] Ein solcher Verdrängungsprozess nach dem Muster „Wachsen oder Weichen" vollzog sich bekanntlich in der industriellen Landwirtschaft Europas und Nordamerikas.

Ein großer Teil der Entwicklungsländer indes ist noch weit von einem Strukturwandel nach US-amerikanischem oder europäischem Vorbild entfernt. Im Gegenteil: Kleinbäuerliche Landwirtschaft nimmt im globalen Süden tendenziell zu. Forscher des *International Food Policy Research Institute* (IFPRI) weisen darauf hin, „dass das von Kleinbauern bewirtschaftete Gebiet in Entwicklungsländern nicht zu schrumpfen, sondern zu wachsen scheint. Zugleich verminderten sich die durchschnittlichen Hofgrößen in großen Teilen der Entwicklungswelt in der zweiten Hälfte des 20. Jahrhunderts." Obgleich das landwirtschaftliche Einkommen in vielen Familien an Bedeutung verliert, „steigt die Zahl ländlicher Haushalte, die die Landwirtschaft als Plattform ihrer Überlebensstrategien nutzen", berichten die Experten des IFPRI.[57]

Von den drei Milliarden Menschen in den ländlichen Gebieten der Dritten Welt, leben über zwei Milliarden auf Höfen mit einer Fläche von weniger als zwei Hektar. Die Zahl dieser Minifundien schätzen die IFPRI-Forscher auf 500 Millionen. Wie groß aber ein Betrieb sein muss, damit eine Familie von ihm überleben kann, hängt stark vom Kontext ab. Ein 10-Hektar-Hof in Brasilien liegt weit unterhalb der landesdurchschnittlichen Farmgrößen und dient für kaum mehr als die familiäre Subsistenz. Ein 10-Hektar-Hof in den Bewässerungsgebieten Indiens aber läge oberhalb der Durchschnittsgrößen, könnte Saisonarbeiter beschäftigen und einen signifikanten vermarktbaren Überschuss produzieren. Damit ein oder zwei Vollzeit-Jobs entstehen und eine Familie überleben kann, die ihr Einkommen noch teilweise durch Arbeit jenseits des eigenen Hofes ergänzt, müsste nach IFPRI-Schätzungen ein Hof auf bewässertem Land mindestens einen Hektar bewirtschaften und im Regenfeldbau, auf den die meisten Kleinbauern angewiesen sind, mindestens drei Hektar.

Da die durchschnittlichen Hofgrößen in vielen Ländern jedoch weit unterhalb dieser Schwellenwerte liegen, können sie für die Betroffenen nicht mehr als alleinige Einkommensquelle dienen. Sie benötigen zusätzliche Erwerbsmöglichkeiten innerhalb oder außerhalb der eigenen Landwirtschaft. Derartig kleine Familienbetriebe, die nicht mehr die eigene Reproduktion sicherstellen, bezeichnen die Forscher als „marginal". In zahlreichen Ländern aber stellen diese „marginalen" Höfe die Mehrheit der landwirtschaftlichen Betriebe. In Indien verfügen 62 Prozent der Höfe über weniger als einen Hektar und belegen 17 Prozent der landwirtschaftlichen Nutzfläche.[58] In so unterschiedlichen Ländern wie China, Bangladesch, Ägypten oder Malawi sind 95 Prozent der Höfe kleiner als zwei Hektar, die durchschnittliche Hofgröße liegt hier nur noch bei 0,5 bis 0,8 Hektar.[59]

Dieser Marginalisierungstrend betrifft im besonderen Maße Frauen. Sie produzieren den Großteil der Lebensmittel, verfügen aber – wenn überhaupt – nur über sehr unsichere Bodennutzungsrechte. In Lateinamerika sind nur 11 bis 27 Prozent der Grundeigentümer Frauen, in afrikanischen Ländern wie etwa Uganda weniger als fünf Prozent.[60] In vielen traditionellen Systemen erhalten Frauen nur ein sekundäres Nutzungsrecht von ihrem Ehemann, der über das primäre Landnutzungsrecht verfügt. Mit den schrumpfenden Hofgrößen und dem zunehmenden Kommerzialisierungsdruck konzentrieren sich diese Privilegien noch stärker in der Hand von Männern. Die Diskriminierung wird für Frauen existenzbedrohend im Fall einer Scheidung oder des Todes des Ehemanns; sie verlieren dann oftmals das Nutzungsrecht an die Familie ihres verstorbenen Mannes. In extremen Fällen müssen sie Haus und Hof verlassen. Die Verbreitung der AIDS-Epidemie hat dieses Risiko noch vergrößert; häufig werden Witwen und ihre Kinder von den Verwandten der Verstorbenen vertrieben.

Degradierte Felder

Ein wichtiger Trend begleitet die Schrumpfung der pro Kopf verfügbaren Ackerflächen: die enorme Steigerung der Nahrungsmittelproduktion. Über die vergangenen 50 Jahre ließ sich die Agrarproduktivität beträchtlich steigern, auch wenn die Wachstumsraten in den letzten Jahren abflachten. Die Nahrungsmittelproduktion konnte nicht nur mit dem Bevölkerungsanstieg Schritt halten, sondern diesen sogar überflügeln. Die heute produzierte Menge an Lebensmitteln würde genügen, um allen Menschen eine gesunde und ausreichende Ernährung zu ermöglichen, wenn diese Menge nur gleicher verteilt wäre.

Die Agrarforscher Peter Hazell und Stanley Wood folgern, dass „die Expansion der Nutzfläche eine bemerkenswert geringe Rolle für die Vergrößerung der Agrarproduktion in den vergangenen Jahrzehnten spielte". Anders als in vielen Entwicklungsländern, wo die Flächenausdehnung noch heute eine wichtige Rolle spielt, war für das höhere globale Nahrungsmittelangebot die Intensivierung der Produktion weitaus prägender, vor allem die Verwendung großer Mengen an Düngemitteln, der chemische Pflanzenschutz, die Mechanisierung und die Ausdehnung der Bewässerungslandwirtschaft. Die beiden Wissenschaftler meinen gar, dass der „Wechsel von der Flächenexpansion zur Intensivierung" den Bodenbedarf seit den 1960er Jahren um über eine Milliarde Hektar vermindert habe.[61]

Dieses Argument ist zweifellos Wasser auf die Mühlen der Agrarindustrie, die die steigende Nachfrage nach Agrarprodukten für eine fortgesetzte Intensivierung zu instrumentalisieren sucht. Doch hat die Intensivlandwirtschaft einen hohen ökologischen Preis, der sich in der Qualität und Quantität des Ackerlandes niederschlägt. Das häufig als alternativlos dargestellte industrielle Produktionsmodell ist einer der wesentlichen Faktoren für die Schädigung und den Verlust von Böden. Es trägt selbst zu Degradierung, Wüstenbildung und Klimawandel bei.

Zwar ist unbestritten, dass nicht-nachhaltige Formen der Landnutzung erhebliche und zum Teil irreversible Schädigungen der Böden nach sich ziehen, doch besteht über das Ausmaß und die Trends von Degradierung und Wüstenbildung noch immer Unsicherheit. Die bisherigen Erkenntnisse verweisen auf erhebliche ökologische Risiken, wobei aber vielfach unklar ist, ob und in welcher Weise sich diese materialisieren werden. OECD und FAO räumen diesbezügliche Defizite bisheriger Flächenabschätzungen ein. Daher erfordere „der Effekt der Degradierung auf die Qualität des Landes weitere Forschung".[62]

Mehrere miteinander verwobene Typen der Degradierung werden in der Umweltwissenschaft unterschieden:

- Verschmutzung durch Chemikalien (etwa Düngemittel, Pestizide, Emissionen, Industrie-, Siedlungs- und Landwirtschaftsabfälle)

- Bodenerosion (d.h. der Abtrag von Land durch Wind oder Wasser, besonders bei Stürmen, starken Regenfällen und Überflutungen)
- Verlust der Bodenfruchtbarkeit (d.h. niedrigere Bestandteile an organischem Material und an Nährstoffen wie Stickstoff, Phosphor oder Kalium)
- Wassermangel (u.a. wegen der Überausbeutung von Grundwasser und Flüssen oder der sinkenden Fähigkeit von Böden zur Regenwasserspeicherung)
- Versalzung von Böden (vor allem durch übermäßige Bewässerung, die den Grundwasserspiegel steigen lässt, zu höherer Verdunstung führt und mehr Salz an der Bodenoberfläche zurücklässt)

Ein gemeinsames Forschungsprojekt mehrerer UN-Organisationen, darunter die FAO und das UN-Umweltprogramm UNEP, nahm eine Abschätzung der weltweiten Landdegradierung anhand zweier Indikatoren vor, der Bodenproduktivität und der Fähigkeit zur Regenwassernutzung. Danach wurde zwischen 1981 und 2003 auf 12 Prozent der globalen Landfläche eine Schrumpfung der Bodenproduktivität und auf 29 Prozent eine Verschlechterung der Regenwassernutzung festgestellt. In den betroffenen Gebieten leben rund eine Milliarde Menschen.[63]

Hinter diesem globalen Durchschnitt verbergen sich allerdings erhebliche regionale Unterschiede. So kommt das UN-Projekt zu dem Ergebnis, dass im bevölkerungsreichen Südasien (Indien, Nepal, Bangladesch, Sri Lanka) 30 bis 40 Prozent der landwirtschaftlichen Nutzfläche in unterschiedlichem Maße degradierte. Die wichtigsten Ursachen in dieser Region sind Wasser- und Winderosion, sinkende Bodenfruchtbarkeit und Versalzung. In Westasien sind 145 Millionen Hektar Land, d.h. ein Drittel der gesamten Region, von Winderosion betroffen. Diese Fläche entspricht dem Vierfachen der Größe Deutschlands. In manchen westasiatischen Gebieten rücken Wanderdünen auf Felder und Siedlungen vor. Weltweit sollen jährlich 2 bis 5 Millionen Hektar durch die verschiedenen Formen der Degradierung verloren gehen, wobei die Verluste in Afrika, Lateinamerika und Asien 2 bis 6 mal größer sind als in Nordamerika und Europa.[64]

Eine weitere Untersuchung schätzte die Bodenproduktivität des Ackerlandes. Im weltweiten Durchschnitt ist diese demnach seit 1945 um 13 Prozent geschrumpft. Bei regionaler Betrachtung verzeichnet Zentralamerika den stärksten Niedergang: Hier sank die Produktivität der Felder um 38 Prozent. In Afrika verminderte sie sich um 25 Prozent, in Südamerika und Asien um jeweils 13 Prozent. Dagegen sank sie in Europa und Nordamerika nur um 8 Prozent.[65]

Ein wichtiger Grund der Produktivitätseinbußen ist der mit Wind- und Wassererosion oder der Beseitigung von Ernteresten auf den Feldern einhergehende Verlust der Bodenfruchtbarkeit. Der Mangel an Nährstoffen ist in vielen tropischen Böden besonderes stark ausgeprägt und wird durch Erosion und intensiven Ackerbau noch vergrößert. Bodenkundler analysierten den Gehalt an Stickstoff, Phosphor und Kalium in den Böden von 38 Ländern Subsahara-Afrikas. In fast allen Fällen war die Bilanz negativ: Den Böden wurden mehr Nährstoffe entnommen als zugeführt. „Mehr als 95 Millionen Hektar Land sind in der Region durch irreversible Degradierung bedroht, falls der Nährstoffabbau anhält", warnen die Forscher.[66]

Landwirtschaft ist mit 70 Prozent der größte Verbraucher von Süßwasser. Die Übernutzung von Grundwasservorkommen und Flüssen macht sich in vielen Ländern bei der Bodenqualität bemerkbar. Diese Knappheit kann extreme Formen annehmen: Ein Zehntel der großen Flüsse der Erde erreicht zu einer bestimmten Zeit des Jahres nicht mehr das Meer, weil stromaufwärts zuviel Wasser verbraucht wird, sei es durch Aufstauung, Kanäle oder die Entnahmen für die Bewässerung. Den stromabwärts lebenden Bauern und Viehhirten aber fehlt dieses Wasser.

Die rund 45.000 großen Staudämme in der Welt, die der Stromerzeugung, Bewässerung und Flusskontrolle dienen, stauen 14 Prozent der globalen Wassermassen von Flüssen auf. Doch stauen sie nicht nur Wasser auf, sondern auch Sand, Kies oder Gestein. Sie sind, wie es auch heißt, „Sedimentfallen". Der verminderte Sedimentabfluss aber reduziert stromabwärts die Ablagerungen, was besonders in niedrig liegenden Küstengebieten, etwa in Bangladesch, das Überschwemmungs- und Versalzungsrisiko erhöht. Nach UNEP-Angaben haben sich „in Bangladesh die Lebensbedingungen und die Ernährungssicherheit von bis zu 30 Millionen Menschen infolge der Eingriffe in die Flussläufe verschlechtert".[67]

Die Grundwasserentnahmen liegen in vielen intensiv bewirtschafteten Gebieten weit über der Erneuerungsrate. In der größten bewässerten Region der Erde, dem über 2.000 Kilometer langen Gürtel, der sich von Ost-Pakistan über Nordindien und Nepal bis nach Bangladesch erstreckt, sinkt der Grundwasserspiegel in hohem Tempo. 50 bis 75 Prozent der Nutzfläche ist hier mit Bewässerungsinfrastruktur ausgestattet; 600 Millionen Menschen leben in dem Gebiet. Mithilfe von Satellitentechnologie stellten Geowissenschaftler in einer aktuellen Untersuchung fest, dass der Grundwasserspiegel um 70 Prozent schneller sinkt als noch Mitte der 1990er Jahre von einer indischen Wasserbehörde geschätzt. Auf einer Fläche von rund 270 Millionen Hektar gehen die Wasservorkommen demnach um durchschnittlich 10 Zentimeter pro Jahr zurück. „Ich glaube nicht, dass irgendjemand wusste, wie schnell sie sich in diesem großen Gebiet erschöpfen", meint der an der Untersuchung beteiligte Hydrologe James Famiglietti.[68]

In einzelnen Anbauregionen fällt die Erschöpfungsrate sogar noch weit höher aus. Nach FAO-Angaben sinken in besonders intensiv bewirtschafteten Agrargebieten Indiens und Chinas die Grundwasserspiegel „um 1 bis 3 Meter pro Jahr".[69]

Zudem ließ die intensive und unsachgemäße Bewässerung bereits große Flächen versalzen. Weltweit werden 271 Millionen Hektar bewässert, der Löwenanteil mit 202 Millionen Hektar in Entwicklungsländern.[70] Nach einer konservativen Schätzung sind 20 Prozent der insgesamt bewässerten Felder durch Versalzung betroffen, 12 Millionen Hektar mussten bereits aufgegeben werden. In trockeneren Regionen sollen sogar bis zu 50 Prozent der bewässerten Felder betroffen sein. Besonders dramatische Folgen hat die Versalzung in jenen Gebieten, in denen sehr viele Menschen von der Landwirtschaft abhängigen, wie in der pakistanisch-indischen Punjab-Region. Allein in Indien gingen 7 Millionen Hektar einstiger Bewässerungsflächen durch Versalzung verloren.[71]

Geoforscher identifizierten eine Reihe regionaler *Hot Spots*, in denen die Degradierung bereits weit fortgeschritten ist und künftig noch zunehmen könnte. Von Versalzung sind demnach in besonderem Maße Nordost-Thailand, Nord-China, Nord-Mexiko, das andine Hochland sowie die Flussbecken von Nil, Indus, Euphrat und Tigris betroffen. Mit Bodenerosion kämpfen die Menschen vor allem im Himalaya-Vorland, im brasilianischen Cerrado, im Sahel, in den mechanisierten Agrargebieten Nord- und Westafrikas sowie auf den nicht-terrassierten Abhängen Chinas, Südostasiens, Zentral- und Südamerikas.[72]

Nicht minder beunruhigend stellt sich das Phänomen der Wüstenbildung dar. 40 Prozent der Landfläche der Erde besteht aus trockenen oder halbtrockenen Gebieten, sie sind der Lebensraum von 2 Milliarden Menschen, hauptsächlich in Entwicklungsländern. Nach einer sehr pessimistischen Einschätzung könnten 70 Prozent der Trockengebiete der Erde von Desertifikation bedroht sein. Für die Menschen in solchen Orten heißt das: Sie verlieren Ackerland, Weidegründe und die Möglichkeit, Früchte und Feuerholz zu sammeln. Am stärksten aber schlägt sich die Verschärfung des Wassermangels nieder. Die durchschnittliche Süßwasserverfügbarkeit liegt in den Trockengebieten pro Kopf bei lediglich 1.300 Kubikmetern im Jahr, und damit weit unterhalb des menschlichen Mindestbedarfs von jährlich 2.000 Kubikmetern.[73]

Verbrannte Erde

Heiße Zeiten brechen an. Auch das Ackerland bleibt nicht vom Klimaschock verschont: Quantität und Qualität der bäuerlichen Schollen schmelzen im Treibhaus dahin. Um rund 0,7 Grad hat sich die Erdtemperatur bereits gegenüber dem vorindustriellen Niveau erhöht; eine Erwärmung um mehr als 2 Grad wurde bisher für die Menschheit als kritisch betrachtet. Um unterhalb dieser Schwelle zu bleiben, dürfte die Erdtemperatur folglich um nicht mehr als 1,3 Grad steigen. In seinem letzten Bericht indes geht der UN-Klimarat IPCC (*International Panel on Climate Change*) von einer breiten Spanne des möglichen globalen Temperaturanstiegs von 1,1 bis 6,4 Grad bis zum Ende dieses Jahrhunderts aus.[74]

Nach neueren Erkenntnissen bewegen sich bereits mehrere Indikatoren, vor allem die Treibhausgasemissionen, auf das obere Ende der IPCC-Projektionen zu.[75] Eine deutliche Abweichung scheint es auch bei der Temperatur der Ozeane zu geben. „Gegenwärtige Schätzungen zeigen, dass die Ozean-Erwärmung um 50 Prozent höher ausfällt als bisher vom IPCC berichtet wurde", schreiben internationale Klimaexperten in einem gemeinsamen Bericht. Die Folge: Aufgrund der wärmebedingten Wasserexpansion könnte der Meeresspiegel bis 2100 um einen Meter oder mehr steigen. Der Klimarat ging bisher nur von einem halben Meter aus. Hinzu kommt, dass schon eine Erwärmung der Erdatmosphäre von weniger als 2 Grad für die Menschheit unbeherrschbare Risiken erzeugen könnte, vor allem durch den Verlust der Artenvielfalt und extreme Wetterereignisse.[76]

Viele Effekte des Klimawandels machen sich bereits heute bemerkbar und beeinträchtigen die landwirtschaftlichen Nutzflächen, etwa die Häufung von Dürren, Stürmen, heftigen Regenfällen und Überschwemmungen. Die Wetterextreme führen unmittelbar zum Abtrag von Böden durch Wind- und Wassererosion. Höhere Windgeschwindigkeiten zerstören größere Teile der Vegetation und der Humusschicht. Durch den Anstieg des Meeresspiegels und die Häufung von Überflutungen dringt immer mehr Salzwasser ins Landesinnere ein, was Böden, Oberflächen- und Grundwasser versalzen lässt. Die Küstenstreifen sind nicht nur stark besiedelt, sondern häufig auch wichtige Zentren der Bewässerungslandwirtschaft, zum Beispiel die großen Flußdeltas von Nil, Niger, Indus, Ganges oder Mekong.

Langfristige Veränderungen werden daneben durch die höheren Durchschnittstemperaturen und die größere Variabilität der Regenfälle erwartet. So verstärken seltenere, dafür heftigere Regenfälle mit Überflutungen die Bodenerosion. Veränderungen der saisonalen Regenverteilung beeinträchtigen das Pflanzenwachstum und die Eignung der Böden für verschiedene Kulturen. Eine schrumpfende Vielfalt von anbaubaren Getreide- oder Gemüsesorten aber bedroht die Ernährungssicherheit und die Ausgewogenheit der Diät.

Die Erderwärmung führt zu abschmelzenden Gletschern und früher einsetzender Schneeschmelze, was die saisonalen Wasserstände von Flüssen verändert und die Bewässerungslandwirtschaft beeinträchtigt. Dies könnte etwa in Nordindien am Fuße des Himalaya oder im südamerikanischen Tiefland östlich der Anden zum Problem werden. Längere Trockenheiten wiederum erhöhen die Verdunstungsrate und steigern das Risiko von Bränden und Versalzung. UN-Experten befürchten einen beträchtlichen Bodenverlust durch die häufigeren Dürren: „In Entwicklungsländern kann die Zunahme von Trockenheiten bis zum Jahr 2080 zu einem Verlust von 11 Prozent des für den Regenfeldbau geeigneten Landes führen", warnen sie.[77]

Die Folgen des Klimawandels für Verfügbarkeit und Qualität der Böden hängt aber nicht nur vom globalen, sondern auch vom lokalen Temperaturanstieg ab. In Abhängigkeit von den lokalen Klimata kann dieser teils positive, teils negative Auswirkungen auf die landwirtschaftliche Produktivität haben. Entwicklungsländer müssen genau aus diesem Grunde mit teils erheblichen Einbußen rechnen. Nach den Schätzungen des UN-Klimarates könnte eine lokale Erwärmung von 1 bis 3 Grad in diesem Jahrhundert in den gemäßigten Zonen zu einem leichten Produktivitätsanstieg führen. In tropischen und trockenen Gebieten dagegen würde bereits ein geringerer Temperaturanstieg von 1 bis 2 Grad erhebliche Verluste auslösen. Oberhalb einer Erwärmung von 3 Grad käme es schließlich auch in gemäßigten Zonen zu Produktivitätseinbußen.[78]

Die höhere Verwundbarkeit von Entwicklungsländern gegenüber den Folgen des Klimawandels bestätigt eine Studie des Ökonomen William Cline vom Washingtoner *Peterson Institute for International Economics*. Nach seinem *Business-as-Usual*-Szenario für die Treibhausgasemissionen würde die Oberflächentemperatur der landwirtschaftlichen Nutzflächen bis zu den 2080er Jahren um 4,4 Grad steigen[79], während die Niederschläge um lediglich 2,9 Prozent zunehmen. Die Folgen für das landwirtschaftliche Produktionspotenzial berechnete Cline in Abhängigkeit von der sogenannten Kohlendioxid-Düngung. Kohlendioxid regt das Pflanzenwachstum an, denn es stimuliert die Photosynthese und mindert verdunstungsbedingte Wasserverluste der Pflanzen. Durch diesen Düngereffekt wird der Anstieg der CO_2-Konzentration in der Atmosphäre in gewissem Ausmaß neutralisiert. Ältere Studien gingen von einer relativ hohen Neutralisierung aus, jüngere Untersuchungen aber zeigen, dass dieser Effekt vermutlich überschätzt wurde.[80]

Nach der Cline-Studie würde die landwirtschaftliche Produktivität infolge des Klimawandels in den 2080er Jahren weltweit um 3,2 Prozent sinken, wenn die angenommene Kohlendioxid-Düngung tatsächlich eintritt. Bleibt der Effekt der CO_2-Düngung jedoch aus, vermindert sich das globale Produktionspotenzial weit stärker, nämlich um 15,9 Prozent. Entwicklungsländer wären besonders stark betroffen. Während die Agrarproduktion in Industrieländern mit dem Effekt der Kohlendioxid-Düngung sogar um 7,7 Prozent wachsen könnte, würde sie in den Entwicklungsländern um 9,1 Prozent schrumpfen. Bleibt dieser Effekt aber aus, bricht die Produktion in Industrieländern möglicherweise um 6,3 Prozent und in Entwicklungsländern sogar um 21 Prozent ein. In Afrika könnte die landwirtschaftliche Produktion um mehr als 27 Prozent, in Lateinamerika um 24 Prozent und in Asien um 19 Prozent schrumpfen (siehe Tabelle).

Zu den bevölkerungsreichen Ländern, die besonders hohe Produktivitätseinbußen erleiden könnten, gehören Indien (-38 Prozent), Algerien (-36 Prozent), Mexiko (-35 Prozent) und Südafrika (-33 Prozent). Tritt das *Business-as-Usual*-Szenario der Treibhausgasemissionen und der globalen Erwärmung ein, wären laut Cline „die Schäden dort am größten (...), wo sie am wenigsten getragen werden können: in den Entwicklungsländern".[81]

Würden die Regierungen dieser Länder die möglichen Folgen des Klimawandels für die Agrarproduktion ernst nehmen, könnten sie inter-

Tabelle: Geschätzte Auswirkungen der globalen Erwärmung auf das Produktionspotenzial der Landwirtschaft im Jahr 2080 (in Prozent)

	Ohne CO_2-Düngung	Mit CO_2-Düngung
Global	-15,9	-3,2
Industrieländer	-6,3	+7,7
Entwicklungsländer	-21,0	-9,1
Afrika	-27,5	-16,6
Asien	-19,3	-7,2
Lateinamerika	-24,3	-12,9

Quelle: Cline 2007

nationalen Investoren – wenn überhaupt – weit weniger Land für den Exportanbau offerieren, als es derzeit der Fall ist. Um nicht nur den gegenwärtigen Nahrungsmittelmangel zu beseitigen, sondern auch künftigen klimabedingten Einbußen vorzubeugen, müssten sie stattdessen massiv in die Verbesserung ihrer landwirtschaftlichen Selbstversorgung investieren.

Auch wenn die Auswirkungen der verschiedenen Umwelteinflüsse auf die Böden zum Teil noch unsicher sind und weiterer Erforschung bedürfen, ist doch ein deutlicher Trend erkennbar: Afrika, Lateinamerika und große Teile Asiens sind überproportional von Degradierung, Wüstenbildung und Klimawandel betroffen. Manche der *Hot Spots* der Degradierung werden bereits intensiv landwirtschaftlich genutzt, stehen nun aber zusätzlich im Mittelpunkt der aktuellen Jagd nach Land, etwa die Flussbecken von Nil und Indus, die Farmgürtel West- und Ostafrikas oder der Cerrado in Brasilien. Sollte sich im Zuge des aktuellen *Outsourcings* der Agrarproduktion noch stärker als bisher das intensivlandwirtschaftliche Plantagenmodell ausbreiten, ist schon aus ökologischen Gründen die beschleunigte Schädigung weiterer Agrarflächen zu befürchten. Bodenverluste können sich aber vor allem jene Länder nicht leisten, die selbst Probleme der Nahrungsmittelversorgung haben.

3 LANDNAHME

„We are not amused", sagen viele Menschen im Süden. Sie betrachten die Welle von Bodengeschäften als neokoloniale Landnahme, als ein weiteres Beispiel für die fortgesetzte Plünderung natürlicher Ressourcen zugunsten transnationaler Konzerne und wohlhabender Nationen. Dabei spielt kaum eine Rolle, dass sich unter den Landpächtern mittlerweile auch Unternehmen und Regierungen aus Ländern finden, die selbst Opfer von Kolonialismus und Imperialismus waren, seien es Indien, China, Südafrika oder Südkorea. Der Konflikt um das Pachtgeschäft von *Daewoo Logistics* in Madagaskar ist hierfür das bekannteste Beispiel.

Daewoo und die Revolte in Tikoland

Bei den Protesten der Bevölkerung Madagaskars gegen die geplante Verpachtung von 1,3 Millionen Hektar an die südkoreanische *Daewoo Logistics* war unerheblich, dass Korea einst selbst eine japanische Kolonie war. Die Kolonialherren verkauften die koreanischen Ländereien an Japaner, die ihre dortigen Ernten anschließend nach Japan verschifften.[82] Doch aus der schmerzlichen koreanischen Geschichte scheint *Daewoo* wenig gelernt zu haben.

Geschickt verstand es der junge Bürgermeister von Antananarivo, Andry Rajoelina, die Empörung der Madagassen über das gigantische Landgeschäft für seine Zwecke zu nutzen. Im März 2009 gewann er die Unterstützung des madagassischen Militärs und stürzte den unbeliebten Präsidenten und Geschäftsmann Marc Ravalomanana. Unmittelbar danach verkündete Rajoelina, er habe den auf 99 Jahre ausgelegten Vertrag mit *Daewoo Logistics* annulliert.

Im November 2008 berichtete die *Financial Times, Daewoo Logistics* habe im Juli 2008 einen Vertrag mit der madagassischen Regierung unterzeichnet und gehe davon aus, es werde die 1,3 Millionen Hektar kostenlos erhalten. Im Gegenzug investiere das Unternehmen in Straßen, Bewässerung und Lagerhäuser und schaffe Jobs für Zehntausende von Bauern.[83] Insgesamt stellte *Daewoo Logistics* Investitionen von 6 Milliarden US-Dollar und 70.000 Arbeitsplätze in Aussicht.[84]

Die Südkoreaner planten, im Westen der Insel eine Million Hektar mit Mais zu bepflanzen und im Osten 300.000 Hektar mit Ölpalmen. Beginnen wollten sie mit 2.000 Hektar, um die kultivierte Fläche anschließend sukzessive auszuweiten. Die Ernten sollten hauptsächlich nach Südkorea und in geringeren Mengen auch in andere Länder exportiert werden. „Wir wollen dort Mais anbauen, um unsere Nahrungssicherheit zu gewährleisten", sagte *Daewoo*-Manager Hong Jon-wan und fügte hinzu: „In dieser Welt kann Nahrung eine Waffe sein."[85] Freilich sollte sich diese Waffe unerwartet gegen das Unternehmen selbst richten.

Über 70 Prozent der rund 18 Millionen Madagassen leben unterhalb der Armutsschwelle, 65 Prozent leiden unter Ernährungsunsicherheit und 37 Prozent sind chronisch unterernährt. Die Hälfte der Kinder unter drei Jahren sind aufgrund von mangelhafter Diät in ihrem Wachstum beeinträchtigt. Die Ernährungslage in Madagaskar verschärft sich gegenwärtig noch durch die politische und wirtschaftliche Krise sowie eine Verteuerung der Güter des täglichen Bedarfs. Internationale Organisationen bezeichnen sie als „alarmierend".[86]

Das Welternährungsprogramm der Vereinten Nation unterstützt 600.000 Menschen auf der „Großen Insel" mit Nahrungsmittelhilfe; es erreicht damit allerdings nur 3,5 Prozent der Bevölkerung – rund ein Zehntel der Unterernährten. Noch immer leben über drei Viertel der Madagassen auf dem Land und sind zum großen Teil auf Subsistenzlandwirtschaft, Viehhaltung und Fischerei angewiesen. Die geplante Anpachtung hätte *Daewoo Logistics* die Verfügung über ein Gebiet verschafft, das der Hälfte der derzeit landwirtschaftlich genutzten Fläche der *Grand Île* entsprochen hätte. Diese wird auf 2,5 Millionen Hektar geschätzt.[87]

Die Nachricht über den *Daewoo*-Deal löste nicht nur in Madagaskar, sondern auch im Ausland einen Proteststurm aus. In der Öffentlichkeit Madagaskars wirkte sie „wie ein Donnerschlag", berichtet die madagassische Nichtregierungsorganisation SeFaFi.[88] Aufgeschreckt durch das Medienecho begannen die Regierung und *Daewoo*, widersprüchliche Stellungnahmen abzugeben. Entgegen den Informationen der *Financial Times* stritten beide Seiten ab, dass es bereits zu einem Vertragsabschluss gekommen sei, und ein madagassischer *Daewoo*-Repräsentant behauptete, dass es bisher nur eine „Prospektion" geeigneter Flächen gegeben habe.[89]

Dies aber widersprach lokalen Zeitungsberichten sowie den Informationen von Nichtregierungsorganisationen. Demnach hatte die madagassische *Daewoo*-Tochter *Madagascar Futur Entreprise* bereits für verschiedene Regionen des Landes konkrete Pachtanträge gestellt, die nach unterschiedlichen Berichten zwischen 170.000 und 350.000 Hektar betrafen und in einzelnen Fällen bereits bewilligt worden seien.[90]

Das *Daewoo*-Geschäft war allerdings nur einer der Gründe für den Putsch vom März 2009. Vorausgegangen war ein Machtkampf zwischen Andry Rajoelina und dem ehemaligen Präsidenten Marc Ravalomanana, der im Dezember 2008 Rajoelinas Fernsehstation *Viva* schließen ließ, nachdem diese ein Interview mit Ravalomananas Vorgänger im Präsidentenamt gesendet hatte. Rajoelina nahm den Fehdehandschuh auf und nutzte die verbreitete Unzufriedenheit der Madagassen über ihren Präsidenten, der als ausgesprochen korrupt gilt. Ravalomanana, Besitzer des Lebensmittelkonzerns *Tiko*, hatte sich in der Vergangenheit als sauberer Geschäftsmann geriert und auf diese Weise die Präsidentschaftswahlen im Jahr 2006 gewonnen. Sein damaliger Slogan lautete: „Die Armen bereichern!"

Wie seine Gegner jedoch meinen, verwechselte er in der Folge den Staat mit seinem Unternehmen und verwandelte Madagaskar in „Tikoland". So erhielt die *Tiko*-Gruppe systematisch Zuschläge bei öffentlichen Ausschreibungen, während die Masse der Bevölkerung trotz hoher Wachstumsraten und ausländischer Direktinvestitionen, vor allem in die Rohstoffausbeutung, weiter darben musste. Ravalomanana machte sich ferner unbeliebt, nachdem er für 60 Millionen Euro eine Präsidentenmaschine orderte, eine *Boeing 737*.[91]

Hinzu kam, dass er die ungeschriebenen Gesetze des religiösen und ethnischen Gleichgewichts auf Madagaskar verletzte, die bisher gewalttätige Eskalationen und die Ethnisierung von Konflikten verhinderten. Die Hälfte der Madagassen sind Christen (zu ungefähr gleichen Teilen Katholiken und Protestanten), die andere Hälfte Animisten.

Madagaskar: Proteste gegen die Regierung im März 2009

Ravalomanana jedoch begünstigte eine protestantische Kirche, deren Vize-Präsident er ist. Er selbst gehört der Gruppe der Merina aus dem Hochland Madagaskars an. Entgegen den Gepflogenheiten aber vergab er das Amt des Ministerpräsidenten nicht an einen Angehörigen der Küstenbewohner.[92]

Der *Daewoo*-Deal, der *Boeing*-Kauf und das *Viva*-Verbot waren daher nur die Tropfen, die das Fass, randvoll mit Unzufriedenheit, zum Überlaufen brachten. Aufgefüllt wurde dieses Fass aber auch durch die internationalen Entwicklungsorganisationen, die dem Land ihre Privatisierungspolitik aufzwangen. Um in den Genuss von Teilschuldenerlassen sowie Kredithilfen von Weltbank und IWF zu kommen, müssen hochverschuldete Länder eine „Armutsminderungsstrategie" entwickeln (sog. *Poverty Reduction Strategy Papers*), ein von den Gläubigern massiv manipulierter Prozess. Mit schöner Regelmäßigkeit enthalten die Strategiepapiere denn auch die Vorgaben der internationalen Finanzinstitutionen, so auch im Fall Madagaskars.

Die Armutsminderungsstrategie findet sich in dem „Aktionsplan Madagaskar 2007-2012", der die Anwerbung ausländischer Investoren, deren Zugang zu Land, die Ankurbelung der Exportlandwirtschaft und die Einbindung von Vertragsbauern in die internationalen Wertschöpfungsketten vorsieht. Als Defizit identifizierte der Aktionsplan, dass lediglich 10 Prozent der bäuerlichen Betriebe über Landtitel verfügen. Bis 2012 solle dieser Anteil auf 75 Prozent erhöht werden. Freilich zielt der Plan damit in erster Linie auf das Agrobusiness ab: Um „ein Anreizinstrument für die Privatinitiative" zu schaffen, müsse das Tempo der Titelvergabe beschleunigt und die Bodenordnung „nach den Forderungen großer Investoren" umgestaltet werden, heißt es dort.[93]

Um diesen Forderungen zu genügen, schuf die Regierung gemäß dem Aktionsplan und mit Weltbank-Hilfe eine Investmentbehörde, das *Economic Development Board of Madagascar* (EDBM)[94]. Daneben verabschiedete sie mit dem „Gesetz Nr. 2007-036" vom 14. Januar 2008 einen neuen Rechtsrahmen für Privatinvestitionen. Nach Artikel 18 dieses Gesetzes dürfen ausländische Unternehmen zwar nicht direkt Land erwerben, sie können aber Pachtverträge mit einer Laufzeit von maximal 99 Jahren unterzeichnen, sofern sie unter madagassischem Recht operieren (z.b. durch Gründung einer Tochtergesellschaft in Madagaskar). Dafür benötigen sie eine vorherige Authorisierung durch die Investmentbehörde EDBM und sie müssen die Grundstücke kontinuierlich wirtschaftlich nutzen.[95] Diese auf Druck der internationalen Finanzinstitutionen konzipierten Reformen sollten ausländischen Unternehmen wie *Daewoo Logistics* den Weg ebnen, um in Madagaskar an Land zu kommen.

Trotz der extensiven Berichterstattung über diesen emblematischen Fall der neuen Landnahme, bleiben aber viele wichtige Details im Dunkeln – vor allem jene, die eine Beurteilung der Auswirkungen auf die Ernährungssicherheit ermöglichen. Denn fraglos benötigt die madagassische Landwirtschaft Investitionen. Im Mittelpunkt derartiger Bemühungen müsste allerdings eine Linderung der Not der madagassischen Kleinbauern und der Verbraucher stehen. Doch ist auch nach den dürftigen und teils widersprüchlichen Informationen durchaus zu bezweifeln, dass das *Daewoo*-Megaprojekt hierfür einen sinnvollen Beitrag geliefert hätte.

Für 80 Prozent der madagassischen Haushalte stellt die Landwirtschaft noch immer die wichtigste Einkommensquelle dar. Weil sie jedoch nur 30 Prozent zum Bruttoinlandsprodukt beiträgt, ist das soziale Stadt-Land-Gefälle vorprogrammiert. Die Höfe haben durchschnittlich nur eine Größe von 1,3 Hektar und die Landknappheit nimmt allein aufgrund des Bevölkerungswachstums stetig zu. Da ihre Ackerflächen zu klein zum Überleben sind, müssen die Familien ständig nach zusätzlichen Einkommensmöglichkeiten außerhalb der eigenen Landwirtschaft suchen, sei es innerhalb oder außerhalb ihrer Heimatregionen. Neben der sehr verbreiteten saisonalen Wanderarbeit verdingen sich viele Bauern als Holzfäller. Die Dezimierung der Trockenwälder im Westen und der Regenwälder im Osten der Insel, verschärft durch illegalen Einschlag für internationale Holzhändler, ist eines der zentralen Umweltprobleme der Insel, das zur verbreiteten Degradierung der Böden beiträgt.[96]

Die wichtigste Feldfrucht der madagassischen Bauern ist der Reis, den 86 Prozent der Haushalte kultivieren. Hinzu kommen, je nach Region variierend, der Anbau von Obst und Gemüse sowie Viehhaltung und Milcherzeugung. Subsistenzanbau bleibt, wie in vielen anderen Ländern auch, noch immer unverzichtbar. Drei Viertel ihrer landwirtschaftlichen Erzeugnisse nutzen die Familien für den Eigenverbrauch, den Rest versuchen sie, auf lokalen Märkten zu verkaufen. Auf denen aber sehen sie sich immer wieder dem Preisdumping und Verdrängungswettbewerb durch importierte Nahrungsmittel ausgesetzt. Die UN-Organisation IFAD (*International Fund for Agricultural Development*) berichtet: „Die Bauern müssen auf ihren lokalen Märkten mit importierten Produkten konkurrieren und es mangelt ihnen an Lagerkapazitäten für ihre Ernten, die sie gegen die Preisschwankungen schützen würden."[97]

Der Mangel an Nahrungsmittelspeichern bedroht in Madagaskar in besonderer Weise die Ernährungssicherheit, weil das Land erheblichen Klimarisiken ausgesetzt ist. Mit großer Häufigkeit treten Wetterextreme wie Zyklone, Trockenheiten, Hagelschauer und Überflutungen auf, die jede Region des Landes im Schnitt alle drei Jahre heimsuchen und zu Ernteausfällen und der Dezimierung von Viehherden führen.

Eine prekäre Welt

Aufgrund der zunehmenden Landknappheit birgt die Unsicherheit der Verfügung über ihre Parzellen für die Kleinbauern ein immer größeres Risiko. 90 Prozent der Höfe haben keine sicheren Landtitel. *Daewoo Logistics* aber scheint in Komplizenschaft mit lokalen Eliten, genau diese Unsicherheit ausgenutzt zu haben. Lokale Medienberichte widersprechen der Behauptung des *Daewoo*-Managers Hong Jon-wan, die anvisierten Pachtflächen seien „völlig unentwickeltes Land, das unberührt gewesen ist".[98] So stellte das Unternehmen bereits im Oktober 2008 in drei Regionen im stark besiedelten Osten der Insel, in der ehemaligen Provinz von Toamasina,[99] Anträge über insgesamt 170.000 Hektar, die zum großen Teil schon viele Jahrzehnte bewirtschaftet wurden. Dabei

Im Hochland von Madagaskar

gingen *Daewoo* und die staatlichen Behörden offenbar unter Verletzung der geltenden Bestimmungen vor.

So seien weder die lokalen Gemeinden (die sog. *fokontany*) noch betroffene Bauern über die Anfragen in Kenntnis gesetzt worden. Doch hätten Pläne, die die angefragten Parzellen ausweisen, in den Büros der örtlichen Gemeindeverwaltungen über mindestens 15 Tage aushängen müssen, um Einsprüche zu ermöglichen. Auch hätten dörfliche Repräsentanten an der Prospektion der Flächen durch das regionale Katasteramt (*Service des Domaines*) beteiligt werden müssen, was ebenfalls unterblieb. Regionale Führungsspitzen sollen ihre Zustimmung zu den Pachtanfragen gegeben haben, obgleich bekannt war, dass die betroffenen Parzellen bereits genutzt wurden. Auf Journalisten-Anfragen hüllten sich Mitarbeiter des Katasteramts von Toamasina diesbezüglich in Schweigen; es wird vermutet, aus Furcht vor Repressionen.[100]

Viele der betroffenen Bauern blieben auch deswegen über *Daewoos* Pachtbegehren im Dunkeln, weil sich lokale Behördenmitarbeiter mit dieser schlechten Nachricht nicht in die Dörfer trauten. „Nichts ist bekannt über dieses Projekt, aber man erwartet von uns, dafür bei der Bevölkerung Akzeptanz zu schaffen", beklagte sich Philibert Randriamaharitra, Distriktvorsteher in Toamasina II. „Man hat von mir verlangt, die Bauern zu besuchen, damit sie ihr Einverständnis geben. Aber wenn ich dort hingehe, werde ich gelyncht."[101] Berichte, nach denen sich der

Widerstand gegen dieses Projekt formierte und eine Volkserhebung zu befürchten sei, nährten derlei Befürchtungen. So mobilisierten die betroffenen Bauern zu Straßenblockaden, um den Südkoreanern den Zugang in ihr Gebiet zu versperren.[102]

Die regionalen Behörden gaben offenbar gezielt jene Parzellen zur Verpachtung an *Daewoo* frei, die bisher noch nicht beim Katasteramt registriert waren. Seit 2005 läuft ein Programm zur Reform der Bodenordnung, das den Bauern die Registrierung ihrer gewohnheitsrechtlich genutzten Flächen beim *Service des Domaines* mittels eines vereinfachten Verfahrens erleichtern soll. Gleichwohl kommt dieser Prozess nur schleppend voran. Manche Kleinbauern verstehen nicht, warum sie einen Titel über Land erwerben sollen, das ihnen seit Generationen gehört – ein Besitz, der in ihren traditionellen Rechtsordnungen auch nicht in Frage gestellt wird. Für andere wiederum, die einen Titel wünschen, ist das Verfahren noch immer zu teuer. So sind umgerechnet 20,- Euro für den Antrag zuzüglich der Kosten für die Besuche von Inspektoren zu berappen – eine hohe Hürde für Menschen, die von einem Euro oder weniger am Tag überleben müssen.[103] Hinzu kommt, dass die Mühlen der Bürokratie überaus langsam mahlen, dies besonders bei den Anträgen von Kleinbauern.

Vor dem Hintergrund der längst nicht abgeschlossenen und durchaus sensiblen Bodenregistrierung in Madagaskar ist noch weniger verwunderlich, dass die Anbahnung von Mega-Pachtprojekten erhebliche Ängste auslösten. Die Projekte nährten den Verdacht, dass mit der laufenden Bodenregulierung Fakten zugunsten einer langfristigen Übertragung großer Flächen an Konzerne geschaffen werden sollten – ein Verdacht, der durch die Vorzugsbehandlung von *Daewoo* nur noch verstärkt wurde. Das *Collectif pour la Défense des Terres Malgaches*, eine Pariser Solidaritätsgruppe, verweist auf die kurze Bearbeitungszeit der *Daewoo*-Anträge, „während Bauern große Schwierigkeiten haben, die erforderlichen Prozeduren für den Erhalt eines Eigentumstitels zu durchlaufen".[104]

Allerdings birgt die Vergabe von Landtiteln auch Risiken. Zwar mag die Registrierung als Schutz vor Landnahme sinnvoll erscheinen, sie allein mindert aber noch nicht die bäuerliche Prekarität. So kann die Registrierung selbst Quelle von Konflikten sein, dies vor allem dann, wenn Titel für Böden mit konkurrierenden Besitzansprüchen beantragt werden. Befürchtungen, eine seit langer Zeit als ungerecht empfundene Landverteilung könne dauerhaft zementiert werden, führten bei vergangenen Agrarreformen immer wieder zu massiven Auseinandersetzungen. Und selbst wenn Kleinbauern einen sicheren Eigentumstitel erhalten, kann dies ihre Verdrängung noch beschleunigen, so wenn sie sich wegen Überschuldung gezwungen sehen, ihr Land zu verpachten oder zu verkaufen.

Gerade die internationalen Entwicklungsagenturen machen keinen Hehl daraus, dass die reibungslose und rasche Übertragbarkeit von Landtiteln an die „produktivsten Nutzer" das zentrale Ziel ihrer Unterstützung aller Bodenreformen ist. Um den von ihnen gewünschten Strukturwandel in der Landwirtschaft zu erzwingen, kombinieren ihre „Interventionen" die Sicherheit des privaten Eigentumsrechts an Land mit einer verschärften Unsicherheit des wirtschaftlichen Überlebens von Kleinbauern, dies vor allem durch die Förderung kommerzieller Landwirtschaft (siehe Kapitel 4 und 6).

In Madagaskar unterstützte die staatliche US-Entwicklungsagentur *Millennium Challenge Corporation* (MCC) seit 2005 das nationale Bodenprogramm der Regierung und kooperierte dabei mit der deutschen Gesellschaft für Technische Zusammenarbeit (GTZ).[105] Zu den Aktivitäten der US-Organisation gehörte der Entwurf madagassischer Landgesetze, die Entwicklung einer nationalen Bodendatenbank sowie die Modernisierung und Dezentralisierung des nationalen Katasteramts, um die Titelvergabe zu beschleunigen. In dem Vertrag, den die *Millennium Challenge Corporation* mit der madagassischen Regierung unterzeichnete, äußerte sie unverblümt ihre Erwartung, dass Kleinbauern durch den Erhalt des Titels ihre Grundstücke anschließend leichter abtreten, denn: „Die Informalität und Unsicherheit des Landbesitzes bedeutet, (...) dass sie Schwierigkeiten haben, Grundstücke ausserhalb ihres persönlichen Umfelds zu übertragen."[106]

Eigene Entwicklungsvorstellungen dagegen spricht die US-Agentur den Madagassen ab. Apodiktisch heißt es: „Bauern müssen die Subsistenzlandwirtschaft überwinden und beginnen, für den Export und für die lokale Verarbeitung zu produzieren." Wie sie zu produzieren haben, möchten die Nordamerikaner in fünf landwirtschaftlichen *Business Centers* demonstrieren, in denen Bauern sich zu Kooperativen zusammenschließen, Kredite erhalten und in den Vertragsanbau für Agrar- und Bioenergiekonzerne einsteigen. Die Business-Zentren sollen „die besten Investitionsgelegenheiten Madagaskars identifizieren"[107] und konzentrieren sich demgemäß auf Gunsträume „mit großem Wachstumspotenzial".[108]

Die madagassische Nichtregierungsorganisation SeFaFi kritisiert nicht nur diesen von außen aufgepfropften, überaus selektiven Entwicklungsansatz, sondern auch die Kollaboration der eigenen Eliten. Seit der Unabhängigkeit hätten sämtliche Regierungen die Landwirtschaft vernachlässigt. Wenn diese sich nun auch noch vorstellen können, die Hälfte der Nutzfläche des eigenen Landes abzutreten, beweise es, „dass sie überhaupt keine Idee davon haben, was damit zu tun geboten wäre".[109] Die Konzentration auf das Agrobusiness sei verfehlt, weil sie auf Kapital und Maschinen setzt – Mittel, an denen es auf der Insel mangelt – und dadurch die ländliche Arbeitskraft marginalisiert.

Dabei sei es durchaus richtig, dass Kleinbauern oftmals wenig Bereitschaft hätten, ihre traditionellen Techniken weiterzuentwickeln, dies aber aus vielfältigen Gründen, die mehr einer „Logik der Risikominimierung in einer sehr prekären Welt" denn „einer simplen Absage an Veränderungen" geschuldet seien. Und SeFaFi fügt eine Erkenntnis hinzu, die die kurzlebigen Interventionen der meisten Hilfsprojekte grundsätzlich in Frage stellt: „Die ländlichen Entwicklungen sind noch immer langsam." Modernisierungsstrategien müssten sich „an diese Langsamkeit anpassen" und Bauern eine Verbesserung ihrer Lebensbedingungen nach ihren eigenen Prioritäten ermöglichen. Daneben müsse es das Ziel sein, dass das Land „seine Lebensmittel nicht importieren muss".[110]

Damit spricht SeFaFi einen weiteren wunden Punkt der Pachtprojekte an: ihre Exportorientierung. Auch Madagaskar ist von Nahrungsmittelimporten abhängig, unter anderem von der Reis-Einfuhr. Das Land war einst ein Reisexporteur, seit den 1990er Jahren aber steigen die Importmengen deutlich an. Die interne Versorgungslücke vermochten sie allerdings nicht zu schließen, auch schwankten die Einfuhren in erheblichem Maße. In den vergangenen Jahren importierte Madagaskar zwischen 100.000 und 300.000 Tonnen Reis bei einer eigenen Produktion von rund 2 Millionen Tonnen. Da die madagassischen Bauern aber nur ein Viertel ihrer eigenen Reisproduktion vermarkten und der importierte Reis deutlich teurer ist als der lokale, schlagen die Importe sehr stark auf das inländische Preisniveau durch.

Die Importabhängigkeit wurde dem Land bereits in der schweren Wirtschaftskrise der Jahre 2004-2005 zum Verhängnis, als die Reispreise sich verdreifachten und Hungerrevolten auslösten. Mehrere Faktoren kamen damals zusammen, vor allem der Verfall der madagassischen Währung *Ariary* – was alle Importe verteuerte und zu Inflation

47

führte – sowie der gleichzeitige Anstieg des internationalen Reis-Preises und der Frachtraten im Seeverkehr. Für Tankerflotten war es weit lukrativer, asiatische Märkte statt Ostafrika anzusteuern. Hinzu kam, dass zwei Zyklone auf Madagaskar viele Reisfelder verwüsteten, die Ernteprognosen falsch und die Vorräte zu niedrig waren.[111] Obgleich diese schwere Krise in der madagassischen Bevölkerung noch überaus präsent ist, ebnete die Regierung Ravalomanana *Daewoo Logistics* den Weg für sein Mega-Projekt, das auf den vollständigen Ernteexport setzte. Gerade nach dieser Krise aber hätte die Versorgung der eigenen Bevölkerung hohe Priorität genießen müssen. Nachdem Madagaskar die Risiken der Weltmarktabhängigkeit so bitter erfahren hatte, wären Maßnahmen für eine verbesserte Selbstversorgung und nicht der Einstieg in die Massenproduktion für wohlhabende Länder erforderlich gewesen.

Aber auch nach dem Putsch vom März 2009 bleibt die Situation unklar. Von offizieller Seite hieß es, das Landgeschäft mit *Daewoo* sei annulliert worden. Dagegen meinte das *Collectif pour la Défense des Terres Malgaches*, dass die Verhandlungen lediglich ausgesetzt wurden. Zudem kursierte das Gerücht, *Daewoos* madagassisches Tochterunternehmen habe lediglich den Namen gewechselt. In einem Brief an das Pariser Kollektiv indes schrieb der madagassische Raumordnungsminister, dass *Daewoo* ohnehin vorhabe, sein Projekt aufzugeben.[112]

Tatsächlich geriet *Daewoo Logistics* – das Unternehmen wurde 1999 durch ein Mitarbeiter-*Buyout* aus dem *Daewoo*-Konglomerat ausgegliedert – im Zuge der Finanzkrise ins Straucheln und musste im Juli 2009 Insolvenz anmelden. Das Unternehmen, zu dessen Kerngeschäft eine Flotte von Frachtschiffen gehört, wurde zahlungsunfähig, nachdem die Frachtraten im Seeverkehr aufgrund des geschrumpften Welthandels einbrachen.[113] Inwieweit die Widerstände gegen das Landgeschäft in Madagaskar zum Bankrott beigetragen haben, ist schwer einzuschätzen. Unternehmensvertreter behaupteten zwar, *Daewoo Logistics* habe bereits „eine nicht geringe Summe" investiert und werde durch die Aussetzung des Projekts Millionen US-Dollar verlieren, gleichwohl können dies auch Drohgebärden gewesen sein.[114]

Nach jüngsten Meldungen hat das madagassische Raumordnungsministerium die Bewilligung von Verpachtungen an ausländische Investoren vorläufig ausgesetzt. Das Projekt von *Daewoo Logistics* sowie ein weiteres Pachtvorhaben der indischen Firma *Varun* sollen definitiv annulliert worden sein.[115] Um Reis anzubauen, erhielt *Varun* von Ex-

Präsident Ravalomanana die Zustimmung für die Pacht von 465.000 Hektar hauptsächlich kleinbäuerlicher Flächen im Norden der Insel – ein Geschäft, bei dem ebenfalls massive Korruption im Spiel gewesen sein soll.[116] Die politische Krise Madagaskars ist allerdings noch nicht überwunden, auch bleibt der Kurs der neuen Machthaber undeutlich. Es gehört zur traurigen Geschichte des Landes, dass die Unzufriedenheit immer wieder zu Aufständen führte, die den jeweils populärsten Volkstribun an die Macht spülten, nur damit dieser sich anschließend selbst bereicherte. Nachdem sich der 35-jährige Rajoelina im März 2009 zum Präsidenten einer Übergangsverwaltung (*Haute Autorité de la Transition*) küren ließ, fanden im August und November unter internationaler Vermittlung konfliktive Verhandlungen zur Bildung einer Regierung der nationalen Einheit statt, die bis Ende 2010 Wahlen durchführen soll.[117]

Shareholder-Landwirtschaft

Die Landwirtschaft erlebt etwas völlig Ungewohntes: Sie steht im Rampenlicht. Die Nahrungskrise, die demographischen Trends und die zunehmende Flächenkonkurrenz führen zu einer radikalen Neubewertung von Ackerbau und Viehzucht. Marktbeobachter sprechen gar von einem „landwirtschaftlichen Superzyklus", der auch den derzeitigen krisenbedingten Einbruch überdauern werde.[118] Das britische Wirtschaftsmagazin *Economist* stellte fest: „Während die Weltwirtschaft in Stücke fällt (...), schlägt sich die notorisch zyklische Welt der Landwirtschaft bemerkenswert gut." Dies betreffe auch die Bodenpreise. Die Flächenkonkurrenz führe dazu, „dass existierendes Land wertvoller wird und noch produktiver werden muss".[119]

Aus diesem Grunde entdecken nun auch Finanzinvestoren das Land. In der *Financial Times* gibt sich ein Vermögensberater überaus optimistisch: „Wir erwarten, dass die institutionellen Investoren zurückkehren werden, besonders zum Ackerland. Dies ist ein wirklicher Vermögensgegenstand und eine Absicherung gegen Inflation."[120] Die Analysten der Firma *Knight Frank* meinen, dass mit dem rezessionsbedingten Preisverfall die Stunde der Schnäppchenjäger schlägt. In ihrem *Wealth Report* schreiben sie: „Für den weitsichtigen Investor, besonders einen, der Dollars investiert, könnte der wirtschaftliche Einbruch der Zeitpunkt sein, um Ackerland zu kaufen."[121]

Das erwachende Interesse der Finanzinvestoren ist durchaus bemerkenswert, da Landwirtschaft bisher als ein risikoreiches und wenig attraktives Geschäft galt. Die über drei Jahrzehnte anhaltende Depression der Agrarpreise verhieß keine sonderlich attraktiven Renditen. Der vergangene Boom der Rohstoffpreise aber veränderte diese Wahrnehmung. Heute meinen viele Investmentberater, dass trotz der Wirtschaftskrise entscheidende Triebkräfte des „landwirtschaftlichen Superzyklus" unverändert in Kraft seien. Ein Analyst der britischen Investmentfirma *Bidwells* verweist auf das Bevölkerungswachstum, die Nachfrage nach Biokraftstoffen und die veränderten Konsumgewohnheiten: „Viele Menschen haben begonnen, mehr Fleisch zu essen. Das mag sich verlangsamen, aber nicht sehr."[122]

Für Anleger gibt es diverse Wege, in die Landwirtschaft zu investieren, zum Beispiel Investmentfonds. Manche Fonds, die sogenannten *Index Tracker*, bilden die Entwicklung der Agrar- oder Rohstoffpreise ab. Andere Fonds investieren in Aktien der Agrar- und Lebensmittelindustrie. Wieder andere erwerben Land, das sie urbar machen und anschließend verpachten oder weiterverkaufen. Manche lassen es auch bewirtschaften und streichen die Renditen ein. Schließlich können Anleger selbst in Aktien von Agrarunternehmen investieren, Land kaufen oder vermittelt über Börsenmakler mit Rohstoffen spekulieren.

Verschiedene Investorengruppen tummeln sich am Agrarmarkt. Institutionelle Investoren wie Banken, Versicherungen, Investment- und Pensionsfonds spielen ebenso eine Rolle wie Privatanleger oder Staatsfonds. Auch Unternehmen jenseits des Finanzsektors, etwa Energiekonzerne, Agrarhändler und Lebensmittelerzeuger, investieren immer häufiger direkt in die Agrarproduktion. Ferner schießen zahllose Grundstücksmakler aus dem Boden, die in verschiedenen Ländern Ackerland aufspüren und an Investoren vermitteln. Aber auch internationale Entwicklungsorganisationen wie die Weltbank steigen in das florierende Grundstücksgeschäft ein.

Agrarland betrachten Investoren als eine relativ illiquide, dafür inflationsbeständige und weniger volatile Vermögensklasse. Weil Land nicht so leicht ge- und verkauft werden kann wie Aktien, gilt es als eine eher mittel- bis langfristige Anlage, die in einem diversifizierten Portfolio das Risiko mindert. Eine Untersuchung in den USA bestätigt, dass Investitionen in Ackerland, unabhängig vom jeweiligen Produktionspotenzial, dem Werterhalt dienen können. Danach entsprachen die Wertzuwächse der US-amerikanischen Felder in der Zeit von 1923 bis 1999 fast vollständig dem Verbraucherpreis-Index. Zwar habe es durchaus in einzelnen Jahren Abweichungen gegeben, aber „langfristig tendieren die Werte von Ackerland dazu, den Inflationsraten zu folgen".[123] Doch sind die Marktwerte, die sich in den Kauf- und Pachtpreisen niederschlagen, weltweit sehr ausdifferenziert. Sie hängen von einer Vielfalt natürlicher, politischer und wirtschaftlicher Faktoren ab. Die FAO listet eine Reihe von Variablen auf, die die lokalen Bodenpreise beeinflussen.[124]

• Das Produktionspotenzial der Böden: Dieses wird bestimmt u.a. durch den Nährstoffgehalt, die Feuchtigkeit, das Gefälle, die Bewässerung, die Infrastruktur oder die Marktnähe.

• Die Sicherheit des Grundbesitzes oder des Nutzungsrechtes: Fehlen sichere, in Katastern registrierte Landtitel mindert dies den Wert.

• Staatliche Agrarpolitik: Subventionen können den Bodenwert erhöhen, Preiskontrollen für Agrarprodukte aber möglicherweise senken.

• Konkurrierende Nutzungsoptionen: Treten neben Viehzucht, Feld- und Forstwirtschaft alternative Nutzungsoptionen auf, beeinflusst dies den Bodenwert. Die Entdeckung von Rohstoffvorkommen, Industrieansiedlungen, Straßen- oder Siedlungsbau können ihn erhöhen, die Ausweisung von Schutzgebieten aber vermindern.

• Die Besteuerung von Grund und Boden: Weltweit existiert eine große Vielfalt von Besteuerungsformen, die sich auf die Profitabilität auswirken. Steigen etwa die Steuersätze mit der Größe eines Anwesens, kann dies Großgrundbesitzer zur Verkleinerung oder Zerstückelung ihrer Besitzungen nötigen.

• Raumplanungen und agrarökologische Zonierungen: Die raumplanerische Ausweisung von Siedlungsgebieten kann den Bodenwert ebenso erhöhen wie die Klassifizierung bzw. Zonierung von Agrargebieten nach ihrem Produktionspotenzial. Naturschutzauflagen wiederum beschränken u.U. die Intensität der Bewirtschaftung und vermindern dadurch den Marktwert.

• Investitionen in Land als Wertanlage und Bodenspekulation: Der Trend, Land als inflationsbeständige Wertanlage zu kaufen, erhöht den Marktwert. Bodenspekulation wiederum kann zu starken Schwankungen der Preise führen.

Um Investoren anzulocken, behaupten Investmentgesellschaften nun, die große Spannbreite der weltweiten Landpreise berge das Potenzial für überproportionale Renditen. Die britische Fondsgesellschaft *Emergent Asset Management* etwa legte im August 2008 den *African Agricultural Land Fund* auf, der binnen kurzer Zeit angeblich zwei Millliarden Euro für den Landerwerb im südlichen Afrika einsammelte. Insgesamt plant der Fonds, 3 Milliarden Euro zu investieren.[125] Die Mindesteinlage beträgt für private Anleger 500.000 Euro, für institutionelle Investoren 5 Millionen Euro. Ziel sei es, dass der Fonds über die fünfjährige Laufzeit eine Rendite von „mehr als 25 Prozent pro Jahr" abwirft.[126] „Die Preise für afrikanisches Farmland sind die niedrigsten in der Welt", begründet Susan Payne, *Emergent*-Geschäftsführerin, diese optimistische Erwartung.[127]

Emergent hat bereits Land im Umfang von rund 130.000 Hektar gekauft oder gepachtet.[128] Bisheriger Investmentfokus waren Südafrika und Mosambik, die Ausweitung auf weitere Länder, darunter Botswana, Sambia, Angola und die Demokratische Republik Kongo, ist geplant. Die Flächen sollen der Feld- und Forstwirtschaft und dem Anbau nachwachsender Rohstoffe für die Biospriterzeugung dienen; aber auch die Umwandlung in Wildparks sei eine Option. Für die Durchführung der Agrarprojekte kooperiert *Emergent* mit dem südafrikanischen Konzern *Grainvest*, der in der Agrarproduktion und im Handel tätig ist. Moderne Anbautechniken sollen hohe Ernteerträge und die überdurchschnittlichen Renditen garantieren.[129] *Emergent* setzt dabei auf das monokulturelle Produktionssystem des US-Agrarmultis *Monsanto*, den sogenannten „pfluglosen" Ackerbau, der sich durch einen extrem hohen Herbizidbedarf auszeichnet (siehe Kapitel 4).

Zahlreiche weitere Fonds drängen auf den Markt. Der britische Vermögensverwalter *Schroders* legte 2006 seinen *Global Farmland Fund* mit einem Kapital von 480 Millionen Dollar auf. Registriert in der Steueroase Guernsey investiert er in Ackerflächen in Australien, Brasilien, Kanada und Rumänien.[130] Ebenfalls global orientiert und in Guernsey domiziliert ist der *Insight Global Farmland Fund* der britischen Firma *Insight Investment Management*. Bei seiner Vorstellung im September 2008 verspricht ein Unternehmensvertreter, Investoren würden nicht nur von dem langfristig erwarteten Anstieg der Rohstoffpreise profitieren, „sondern auch von der damit einhergehenden Aufwertung des Bodens". Eine Nettorendite von 12 bis 15 Prozent stellte er in Aussicht.[131]

Der niederländische Konzern *Rabobank*, einer der größten Finanzierer der Agrar- und Ernährungsindustrie mit Filialen in 45 Ländern, richtete die neue Abteilung *Rabo FARM* ein, die ausschließlich Agrarfonds entwickelt. Diese investieren sowohl in natürliche Ressourcen wie Land und Wasserlizenzen als auch in die Agrarproduktion und in die Viehwirtschaft. Zur Risikominimierung sollen die Fonds ihre Gelder über mehrere Länder und Klimazonen streuen. Wie fast alle Finanzinvestoren setzt auch *Rabobank* auf Größenvorteile durch Flurbereinigung, Massenproduktion und Agrarchemie, denn dies verbessere die „Performance" und führe „zu einer höheren Rendite für den Investor".[132]

Lauter Philanthropen

Der in Medien oft als wohltätiger Mäzen dargestellte Milliardär und Finanzinvestor George Soros ist Anteilseigner von *Adecoagro*, einem der größten Agrar- und Biosprit-Produzenten Südamerikas. Mit dem Kauf von 74.000 Hektar besten Ackerlandes begann im Jahr 2002 *Adecoagros* Einkaufstour. Heute besitzt das Unternehmen nach eigenen Angaben mehr als 270.000 Hektar in Argentinien, Brasilien und Uruguay, auf denen es Soja, Raps, Zuckerrohr, Mais, Weizen und Kaffee anbaut. Hinzu kommen ein Saatgutunternehmen, eine Molkerei, Ölmühlen sowie mehrere Zucker- und Ethanolfabriken. *Adecoagro* praktiziert ebenfalls Monsantos umweltschädliches Produktionsmodell der „pfluglosen", aber herbizidintensiven Bodenbearbeitung.[133] Seine Renditen stets im Blick forderte Soros bei einem Brasilienbesuch, die USA und die EU sollten ihre Märkte für brasilianisches Ethanol öffnen, um den „Hunger nach Biotreibstoffen" zu bekämpfen.[134]

Als Wohltäter geriert sich ebenfalls das britische Unternehmen *cru Investment Management*, das die Briefkastenfirma *Africa Invest Fund Management* mit Registrierung in Mauritius gründete.[135] Auf eigenen Farmen ergänzt um Vertragsbauern lässt das Unternehmen in Malawi auf insgesamt rund 6.500 Hektar Chili, Bohnen, Paprika und Reis für den Export anbauen. *Africa Invest* habe 2.000 Jobs geschaffen und beschäftige weitere 8.000 Familien im Vertragsanbau. „Unsere Verpflichtung zur Armutsbekämpfung", behauptet *cru*-Vorstand John Maguire, „war das entscheidende Motiv, weswegen wir nach Afrika gekommen sind". Freilich beißt sich dieses Bekenntnis mit den abenteuerlichen Renditeaussichten von 30 bis 40 Prozent, die Maguire bei einem Werbetrip für sein Malawi-Projekt Geschäftsleuten in den Vereinigten Arabischen Emiraten vorgaukelte.[136]

DWS Invest Global Agribusiness
In einen globalen Megatrend investieren

Werbung für Agrarfonds der Deutschen Bank

Auch die Hamburger Investmentgesellschaft *Aquila Capital*, die nach eigenen Angaben 1,6 Milliarden Euro verwaltet, will nur Gutes. Aufgrund der Finanzkrise sei „eine Rückbesinnung auf dem Gemeinwohl dienende Investitionen" dringend geboten, schreibt sie in ihrem Prospekt. Das Beteiligungskonzept ihrer Agrarfonds sehe daher nicht „die fragwürdige Spekulation auf steigende Agrarrohstoffpreise" vor, sondern „Investitionen in die nachhaltige Realwirtschaft". Durch Kapital- und Wissenstransfer wolle man „Produktivitäts- und Landreserven heben und damit sowohl die Nahrungsmittelversorgung verbessern als auch attraktive Renditen für Anleger generieren".[137]

Aquilas ethische Geldanlage nimmt aber genauso dunkle Wege wie die anderer Fonds. Über eine Firma im Steuerparadies Luxemburg und weitere „Zwischengesellschaften" investiert sie in Milchfarmen in Australien sowie Rinderzucht- und Ackerbau in Brasilien. Ihre brasilianische „Zwischengesellschaft" soll für geplante Zuckerrohrplantagen bis zu 250.000 Hektar erwerben. Sie besitze bereits eine Datenbank, in der drei Millionen Hektar verfügbare Landflächen erfasst seien.

Wer an der globalen Landnahme einschließlich ihrer besonders schmutzigen Seiten mitverdienen will, investiert in den *DWS Global Agribusiness Fund* der *Deutschen Bank*, eingerichtet in Luxemburg. Fokus des Fonds sind Aktien internationaler Agrarkonzerne, darunter gleich eine Reihe der expandierenden Großbetriebe. Mehrere Firmen im Portfolio des *Deutsche Bank*-Fonds gehören zu den aggressiven Landkäufern in Brasilien, so der Zucker- und Ethanolmulti *COSAN* (600.000 Hektar bewirtschaftete Fläche), *SLC Agrícola* (200.000 Hektar)[138] und der argentinische Konzern *Cresud*. In Argentinien verfügt dieser über 660.000 Hektar und kaufte in Brasilien 150.000 Hektar.[139]

Ebenso findet sich in dem *Deutsche Bank*-Fonds die schwedische Agro-Holding *Black Earth Farming*, die in der fruchtbaren Schwarzerde-Region Südwestrusslands auf Landkauf geht.[140] Schließlich investierte dieser Fonds auch in den berüchtigten Plantagenbetreiber *Wilmar International*, der in Indonesien und Malaysia auf 500.000 Hektar Ölpalmen anbauen lässt.[141] Nichtregierungsorganisationen werfen ihm vor, den Platz für seine Plantagen mittels illegaler Brandrodungen auf dem Land lokaler Gemeinschaften geschaffen zu haben.[142]

Internationale Entwicklungsbanken, die sich vorgeblich der Armutsbekämpfung widmen, spielen ebenfalls beim globalen Landpoker mit. Die Weltbank-Tocher für Privatsektorfinanzierungen, die *International Finance Corporation* (IFC), subventioniert *Altima Partners*, einen 2004 von der *Deutschen Bank* gegründeten britischen Hedge Fonds mit diversen Briefkastenfirmen u.a. in Guernsey, Delaware, Monaco, Luxemburg und auf den Bermudas.[143] Der Hedge Fonds managt bereits einen 625 Millionen Dollar schweren Agrarfonds und wird nun gestärkt durch eine IFC-Finanzspritze von 75 Millionen Dollar einen weiteren Fonds auflegen, den *Altima One World Agriculture Development Fund*.[144]

Der Fonds finanziert ausschließlich das internationale Agrobusiness Nach IFC-Angaben soll er in Böden und „Weltklasse-Farmen" in Ländern mit hohem Agrarpotenzial investieren. Der Zweck sei es, so IFC-Mitarbeiter Rajesh Behal, „das weltbeste Farmtalent zu bekommen, das Land zu bestellen, die größtmögliche Produktivität zu erreichen und dann eine Angebotsausweitung auf dem Markt zu erzielen".[145] Zu den Zielländern dieser Produktivitätsoffensive gehören u.a. Argentinien, Brasilien, Uruguay, Kasachstan, Russland und die Ukraine.[146]

Altima Partners erwarb bereits Land und Agrarbetriebe in Osteuropa[147] und Lateinamerika; gegenwärtig expandiert die *Deutsche Bank*-Ausgründung in Zentralasien und Subsahara-Afrika. In Südamerika beteiligte sich *Altima Partners* an dem argentinischen Großkonzern *El Tejar*, der mithilfe dieser und anderer Finanzspritzen auf dem Kontinent auf Einkaufstour geht. Spezialisiert auf die industrielle Produktion von Soja, Mais, Weizen und Gerste verfügt *El Tejar* mittlerweile über

670.000 Hektar in Argentinien, Brasilien, Bolivien, Uruguay und Paraguay.[148] Begnügte sich das Unternehmen in der Vergangenheit mit der Zupachtung, geht es heute stärker zum Landkauf über. *El Tejar* praktiziert ebenfalls das monokulturelle Produktionsmodell der „pfluglosen" Bodenbearbeitung.[149]

Ebenso kündigte die Afrikanische Entwicklungsbank im Januar 2009 an, Agrarfonds zu finanzieren. So steuert sie bereits 15 Millionen Dollar zu dem Investmentvehikel *Agri-Vie* mit Registrierung in Mauritius bei. Mit seinen insgesamt 100 Millionen Dollar zielt dieser Fonds auf exportorientierte Agrarfirmen in Subsahara-Afrika ab, darunter südafrikanische Lebensmittelkonzerne, die auf dem Kontinent „nördlich des Limpopo" expandieren wollen.[150] Die Entwicklungsbank behauptet, durch Einbindung von Vertragsbauern in die Wertschöpfungsketten des Agrobusiness werde der Fonds zur Ernährungssicherheit beitragen.[151] Doch sprechen die empirischen Erfahrungen mit dem Vertragsanbau gegen diese These (siehe Kapitel 6).

Mit ihrer Beteiligung an den Agrarfonds fördern die Entwicklungsbanken die Bodenkonzentration, die Marginalisierung von Kleinbauern und das enorme Wohlstandsgefälle auf dem Land. Mehr noch: Da diese Fonds über Scheinfirmen in Steueroasen operieren, subventionieren sie die Bereicherung wohlhabender Steuerflüchtlinge, die in diese Oasenvehikel investieren. Mit Armutsbekämpfung hat dies gewiss nichts zu tun.

Aufstieg der Agro-Holdings

Die Flächenkonkurrenz krempelt die gesamte Ernährungsindustrie um. „Vertikale Integration" heißt nun die Parole, mit der Konzerne auf Felder und Weiden vorrücken. Für den Handel und für die verarbeitende Industrie (z.B. Getreidemühlen, Lebensmittelfabriken) steigt der Druck, selbst in die Agrarproduktion einzusteigen und dadurch eine bezahlbare Rohstoffversorgung sicherzustellen. In so unterschiedlichen Ländern wie Russland, der Ukraine, Brasilien, Südafrika oder Angola tummeln sich riesige Holdinggesellschaften, die von der Landbewirtschaftung über die Verarbeitung bis zum Vertrieb mehrere Stufen der Wertschöpfung integrieren. Um preisgünstig und pünktlich ihren Lieferverpflichtungen nachkommen zu können, wird die direkte Kontrolle über Land für diese mit internationalem Kapital ausgestatteten Konzerne zunehmend wichtig.

Der multinationale Agrarhändler *Louis Dreyfus Commodities* [152] etwa gründete das Investmentvehikel *Calyx Agro Ltd*, das in Lateinamerika (u.a. Brasilien, Argentinien, Kolumbien) Land erwerben, entwickeln und weiterverkaufen soll. Im vergangenen Jahr beteiligte sich *AIG Investments*, eine Tochter des krisengeschüttelten US-Versicherungskonzerns *American International Group* [153], mit 65 Millionen Dollar an *Calyx Agro*.[154] *Louis Dreyfus Commodities* profitiert damit nicht nur von der erwarteten Aufwertung des Bodens, sondern sichert sich zugleich den Zugang zum knapper werdenden Land und zu den Rohstoffen, hauptsächlich Getreide und Ölsaaten, mit denen der Konzern weltweit handelt.

In Brasilien macht sich *Calyx Agro* an der neuen Agrarfront in der Region Mapito im nördlichen Teil der Savannen des Cerrado breit. Der Geschäftsführer von *Calyx Agro*, Axel Hinsch, verkündete Mitte 2008: „Bis Ende des Jahres werden wir 100.000 Hektar erreichen." Da es keine Landbörse mit exakten Preisen gibt, orientiert sich die Bewertung von brasilianischen Getreidefeldern häufig an dem Maßstab von Soja-Säcken. Während Makler gut erschlossene, fruchtbare Böden mit 600 Sack Soja pro Hektar berechnen, legen sie für Flächen in Mapito nur 60 Sack zugrunde.[155] Die Konsequenz: Nach Untersuchungen der Universität von Goiás gehört Mapito heute zu den Regionen mit den höchsten Abholzungsraten im Cerrado.[156]

Auch der US-Konzern *Archer Daniels Midland* (ADM), neben *Cargill* und *Bunge* einer der größten Agrarhändler und Verarbeiter sowie dick im Biosprit-Geschäft, sichert sich durch vertikale Integration den Zugriff auf Land und die von ihm benötigten Rohstoffe, vor allem Soja, Palmöl, Mais, Weizen und Kakao. Das Unternehmen, das sich selbst als „Supermarkt der Welt" bezeichnet, wurde Ende 2006 zum zweitgrößten Anteilseigner des umstrittenen Palmölherstellers *Wilmar International* mit seinen 500.000 Hektar Plantagen in Indonesien und Malaysia. „ADM ist erfreut, zu einem bedeutenden Anteilseigner des größten landwirtschaftlichen Verarbeiters in Asien zu werden", verkündete die Geschäftsführerin, Patricia Woertz.[157] 98 Prozent seiner Palmölimporte bezieht ADM von *Wilmar International* und steigt mit seiner Beteiligung zum Großgrundbesitzer in Südostasien auf.[158] Aber auch der größte Nahrungsmittelkonzern Chinas, COFCO (*China National Cereals, Oils and Foodstuffs Import & Export Corporation*), der gleichfalls stark in Biotreibstoffe investiert, sicherte sich Anteile an dem Plantagenbetreiber.[159]

Wilmars indonesische Ölpalmplantagen finden sich in Sumatra sowie in West- und Zentral-Kalimantan auf der Insel Borneo. Europäische und indonesische Nichtregierungsorganisationen werfen dem Unternehmen illegale Brandrodungen und die Verletzung traditioneller Landrechte in West-Kalimantan vor.[160] Indonesien ist das Land mit der höchsten Rate der Umwandlung von Wäldern in Ölpalmplantagen, die heute bereits sechs Millionen Hektar beanspruchen. Dieser Prozess bedroht die Existenzmöglichkeiten eines großen Teils der Bevölkerung: 100 Millionen der 216 Millionen Indonesier, darunter zahlreiche Indigene, leben zum großen Teil von der Nutzung der Wälder. Viele ihrer traditionellen Siedlungsgebiete wurden bereits enteignet.[161] Da die Brandrodungen vielfach auf Torfböden stattfinden, führt dies daneben zu hohen Emissionen von Kohlendioxid und Methan.

In Afrika setzt das britische Konglomerat *Lonrho* ebenfalls auf die vertikale Integration von Ackerbau, Verarbeitung und Transport. Gegründet 1909 als *London and Rhodesian Mining Company* und zunächst aktiv im Geschäft mit afrikanischen Bergbaukonzessionen engagiert sich das Unternehmen heute im Baubereich, in der Transportlogistik und im Agrobusiness. *Lonrho* liefert per Luftfracht bereits frisches Obst und Gemüse aus dem südlichen Afrika nach Europa; zu seinen Kunden zählen Supermarktketten wie *Marks & Spencer*, *Tesco* und *Sainsbury*. Es besitzt eine LKW-Flotte und Kühlhäuser am Rande des Flughafens von Johannesburg, wo es das Obst und Gemüse auch verarbeitet und verpackt. Um das Agrargeschäft auszubauen, steigt der Konzern nun direkt in die Feldwirtschaft ein.[162]

Im Januar 2009 unterzeichnete *Lonrho* mit der Regierung Angolas einen Pachtvertrag mit 50-jähriger Laufzeit zur Bewirtschaftung von 25.000 Hektar in den Provinzen Uige, Zaire und Bengo. Daneben verhandelt der Konzern mit der Regierung von Malawi über ein 25.000 Hektar-Projekt am Ufer des Malawi-Sees sowie mit der Regierung Malis, wo *Lonrho* bis zu 100.000 Hektar in einem großen Bewässerungsgebiet am Niger, dem *Office du Niger*, erwerben will. Nach dem Muster seines Verarbeitungs- und Logistik-Zentrums am Flughafen von Johannesburg plant *Lonrho* ähnliche Zentren in der angolanischen Hauptstadt Luanda, im malawischen Lilongwe sowie in Mali und Simbabwe. Das Zentrum in Lilongwe, der Hauptstadt Malawis, zielt speziell auf die Belieferung der wachsenden Märkte im Mittleren Osten ab. *Lonrho*-Vorstand David Lenigas hält die vertikale Integration der Agrarindustrie für den „Schlüssel zum Erfolg".[163]

Ein Beispiel für die direkte Integration des Grundstücksgeschäfts liefert der brasilianische Zucker- und Ethanolmarktführer COSAN mit der Gründung seines Tochterunternehmens Radar Propiedades Agrícolas, welches Land „mit hohem Aufwertungspotenzial" kauft, um es anschließend zu verpachten oder weiter zu verkaufen. 30 Millionen US-Dollar stellt COSAN selbst seiner Grundstücksfirma zur Verfügung, 150 Millionen steuern Investoren aus Brasilien, Europa und Nordamerika bei. Der Zuckerhersteller macht sich dabei seine Kenntnisse des Bodenmarkts zunutze, die er mit dem Anbau von heute 600.000 Hektar Zuckerrohr gewonnen hat. Als Entscheidungshilfe für seine eigenen Zupachtungen baute COSAN ein Technologiezentrum zur Bewertung des Produktionspotenzials von Böden auf, das u.a. die Daten geographischer Informationssysteme analysiert und nun Radar per Dienstleistungsvertrag zur Verfügung gestellt wird. COSAN erhält daneben ein Vorzugsrecht auf die Zupachtung von Land, das sich künftig im Besitz seiner Grundstückstochter befinden wird.[164]

Radar soll zunächst Böden in der Umgebung geplanter Zucker- und Ethanolfabriken in Zentral-Brasilien aufkaufen, deren Errichtung COSAN in der Pipeline hat, darunter drei Fabriken im Cerrado im Bundesstaat Goiás. Der Mutterkonzern will mithin selbst für die Aufwertung von Land sorgen, das zuvor von seiner Tochter erworben wurde, und auf diese Weise den Radar-Investoren, darunter COSAN selbst, die gewünschten Renditen bescheren.[165]

Sehr ausgeprägt ist die Integrationsstrategie mit direktem Zugriff auf Land bei den riesigen Agro-Holdings in Russland und in den ehemaligen Sowjetrepubliken Kasachstan und Ukraine, die häufig von internationalen Kapitalgruppen kontrolliert werden. Die Agro-Holdings entstanden, als mit dem Ende der Sowjetunion Kolchosen und Sowchosen zerfielen und rund 23 Millionen Hektar Ackerland aus der Produktion genommen wurden. Wie es in einem Bericht der Europäischen Bank für Wiederaufbau und Entwicklung und der FAO heißt, war dies „weltweit die größte Stilllegung landwirtschaftlicher Nutzflächen in der jüngeren Geschichte".[166]

In Russland und der Ukraine wurden die Ländereien der Kollektivbetriebe unter den Mitarbeitern aufgeteilt. Die Folge aber war, dass es plötzlich zwar Millionen kleiner Grundbesitzer gab, jedoch wegen der fehlenden staatlichen Unterstützung und der grassierenden Landflucht kaum funktionsfähige Familienbetriebe entstanden. In diese Lücke stießen die kapitalkräftigen Agro-Holdings vor und begannen damit, große Flächen zu pachten. Russland gestattete seit 2006 auch den Landkauf, was einen weiteren Schub auslöste. Im Jahr 2008 kontrollieren in Russland 200 private Agro-Holdings 11,5 Millionen Hektar, 32 dieser Betriebe verfügen jeweils über mehr als 100.000 Hektar.[167]

Die Ukraine lockte Investoren, indem es die Unternehmenssteuer in der landwirtschaftlichen Primärproduktion auf Null setzte. Allerdings gilt hier aufgrund der politischen Sensibilität noch immer ein Moratorium auf Landkäufe. Daher sind die Agro-Holdings weiterhin auf Zupachtungen angewiesen; die Pachtverträge haben eine Laufzeit von maximal 49 Jahren. Mittlerweile kultivieren in der Ukraine 80 Riesenbetriebe zwischen 7 bis 9 Millionen Hektar.[168] Es wird geschätzt, dass in Kasachstan auf drei dieser Konglomerate 80 Prozent der Getreideproduktion entfällt, und dies über die gesamte Wertschöpfungskette: von der Saatgutbereitstellung, über den Anbau, die Ernte, die Verarbeitung, bis hin zum Export.[169]

Unter dem Dach einer Holdinggesellschaft vereinen diese Konzerne mehrere Betriebe. Die Anteilseigner der Muttergesellschaften kommen häufig gar nicht aus dem Bereich der Landwirtschaft. Vielfach stammen sie aus dem internationalen Finanz- oder Bankensektor, der Öl- und Gasindustrie oder aus dem Handel und der Ernährungswirtschaft. So betätigten sich etwa die schwedischen Gründer von *Black Earth Farming Ltd* im Investmentgeschäft. Die Holdinggesellschaft ist auf der britischen Kanalinsel Jersey registriert, gelistet ist das Unternehmen an der Stockholmer Börse. Über 321.000 Hektar kontrolliert es in der Schwarzerde-Region im Südwesten Russlands und investiert neben dem Ackerbau in die Saatzucht und in die Weiterverarbeitung.[170]

Eine ganze ähnliche Struktur besitzt die britische *Landkom International Plc*, deren Holding auf der Isle of Man ihre Anschrift hat und Mitte 2008 im Westen der Ukraine über 115.000 Hektar Pachtland verfügte.[171] Mehrere Investmentfonds beteiligten sich an dem Unternehmen und der viel beachtete Börsengang an der *London Stock Exchange* im November 2007, bei dem 44 Prozent der Anteile platziert wurden, spülte 106 Millionen Dollar in die Kasse.[172] *Landkom* baut Raps und Weizen für die Nahrungsmittel- und Biospritindustrie an. Derzeit entwickelt die Holding gemeinsam mit der Firma *Sunfuel* eine neue Rapssorte für die Biodieselerzeugung mitsamt eigener Verarbeitungsstätte.[173]

Die Exklaven der Golfstaaten

Viele Herrscher am Persischen Golf machen sich Sorgen. Gewiss: Ihr Erdöl geht irgendwann zur Neige. Doch gibt es noch ganz andere Engpässe. Seit einiger Zeit schon wirft ihre Landwirtschaft nur noch kümmerlichste Erträge ab. Sehnsuchtsvoll richten sie seither ihre Blicke nach Übersee. Vor allem die sechs Mitglieder des Golf-Kooperationsrates (Saudi-Arabien, Vereinigte Arabische Emirate, Oman, Kuwait, Katar, Bahrain) kämpfen mit erheblichen Versorgungsproblemen. Während ihre Bevölkerung von derzeit 40 Millionen bis zum Jahr 2030 auf 60 Millionen Menschen anwachsen soll, sind sie mit einem beträchtlichen Mangel an Wasser und Land geschlagen.

Rund sechzig Prozent ihres Lebensmittelbedarfs müssen die Golfstaaten importieren. Das aber ist riskant in Zeiten steigender Preise: Bereits der vergangene Preissprung der Lebensmittel heizte die Inflation kräftig an. In Katar und den Vereinigten Arabischen Emiraten erreichte sie zweistellige Raten. Besonders die kleineren Golfstaaten, die eine große Zahl asiatischer Gastarbeiter beschäftigen, fürchten Unruhen unter Migranten und der Armutsbevölkerung, sollte es künftig häufiger zu Preisschocks bei Lebensmitteln kommen.

Die Bewässerungslandwirtschaft beansprucht derzeit über 80 Prozent des Süßwassers in diesen Ländern. Doch sollen die Wasserressourcen noch maximal 30 Jahre vorhalten. Zugleich aber erhöht sich der Bedarf. Es wird geschätzt, dass sich bis zum Jahr 2025 die Wassernachfrage der privaten Haushalte verdoppelt und die der Industrie verdreifacht. Zudem gilt lediglich zwei Prozent der Landfläche Saudi-Arabiens als geeignet für den Ackerbau, in den Vereinigten Arabischen Emiraten sogar nur ein Prozent.[174]

Während der Ölkrise von 1973 – im Verlauf des Jom-Kippur-Kriegs drosselten OPEC-Mitglieder die Ölförderung und trieben den Ölpreis in die Höhe – drohten die USA damit, als Vergeltungsmaßnahme die Nahrungsmittellieferungen an den Golf einzustellen. Nachdem die Nordamerikaner ihnen auf diese Weise ihre Verwundbarkeit vor Augen führten, investierten die Golfstaaten massiv in die eigene Landwirtschaft, um ihre Selbstversorgung zu verbessern. Auch gab es damals schon Pläne, den Sudan zum Brotkorb der arabischen Welt zu entwickeln, jedoch wurden nur wenige davon in den 1980er Jahren – der Ölpreis war mittlerweile wieder gefallen – weiterverfolgt.

Doch lenkten die Golfstaaten viele Millionen Petro-Dollars in die Ausweitung ihrer eigenen Bewässerungslandwirtschaft, und dies durchaus mit Erfolg: Bereits in den 1980er Jahren wurde etwa Saud-Arabien zum Netto-Getreideexporteur. Auf die Dauer aber standen die hohen staatlichen Subventionen und der enorme Wasserverbrauch in keinem Verhältnis zum geringen Beitrag der Landwirtschaft zum Bruttonationalprodukt, der in Saudi-Arabien gerade einmal 3 Prozent beträgt.

Mit 1 bis 3 Prozent ist der Wertschöpfungsanteil der Landwirtschaft in den übrigen Volkswirtschaften des Kooperationsrates ähnlich bescheiden. „Der Ertrag des Sektors ist sehr gering im Vergleich zu den Investitionen", bestätigt Mohammed Dawoud, Mitarbeiter der Umweltagentur der Vereinigten Arabischen Emirate. „Das hauptsächliche Problem ist der Wasserbedarf des Sektors."[175] Dawoud schätzt, dass in den vergangenen 20 Jahren mehr als 100.000 Brunnen in den Emiraten gebohrt wurden und die Grundwasservorräte schwinden ließen.

Hinzu kommt, dass die Golf-Regierungen aufgrund ihrer Verpflichtungen in der Welthandelsorganisation WTO gezwungen sind, ihre Agrarsubventionen zu kürzen. Als letztes Land des Kooperationsrates trat Saudi-Arabien 2005 der WTO bei. Über die kommenden Jahre muss das Königreich die Agrarbeihilfen um 13,3 Prozent senken. Anfang 2008 kündigte die Regierung an, den Ankaufspreis für Getreide jährlich um 12,8 Prozent abzubauen. Das Ziel sei, die Getreideproduktion bis 2016 ganz auslaufen zu lassen, um Wasser zu sparen. Stattdessen solle sich die saudische Landwirtschaft auf den Anbau höherwertiger Kulturen wie Obst und Gemüse verlegen.[176]

Eine ähnliche Strategie verfolgen die Vereinigten Arabischen Emirate und setzen in der eigenen Landwirtschaft auf genügsamere Kulturen mit höherem Marktwert, etwa Datteln, und auf den Ausbau von Hühnerfarmen. Kehrseite aber ist, dass wasserintensive Grundnahrungs- und Futtermittel in noch größeren Mengen als bisher importiert werden den müssen. Mohammed Dawoud meint, dass es dazu in den Emiraten mit ihrem ariden Klima keine Alternative gebe: „Wir müssen verstehen, dass wir in unserer Situation keine vollständige Ernährungssicherheit und Selbstversorgung erreichen können."[177]

Unter dem Eindruck der vergangenen Preisinflation und dem wachsenden internen Nahrungsmitteldefizit reanimierten die Golf-Regierungen daher die alten Pläne aus den 1970er Jahren und begannen, landwirtschaftliche Direktinvestitionen im Ausland zu fördern. Bevorzugt nehmen sie dabei näher gelegene Länder in Afrika und Asien ins Visier, mit denen bereits politische oder kulturelle Beziehungen bestehen, etwa Sudan oder Pakistan. Neben den bevorzugten Zielregionen in Asien und Ostafrika schauen sie sich aber auch in entfernteren Gebieten wie Osteuropa oder Lateinamerika um.

Eine konzertierte Aktion startete König Abdullah von Saudi-Arabien mit seiner „Initiative für saudische Agrarinvestitionen in Übersee". Diese soll zu „nationaler und internationaler Ernährungssicherheit" beitragen. Dazu wollen die Saudis Partnerschaften mit Ländern anbahnen, die über „hohes landwirtschaftliches Potenzial" verfügen. Die Investitionen sollen in mehrere „strategische Kulturen" fließen, darunter Reis, Weizen, Gerste, Mais und Zucker.[178] Nach folgenden Prinzipien will man dabei vorgehen:

- Die Investitionen erfolgen nur in Ländern mit förderlichen „Regulierungen und staatlichen Anreizen".
- Der Export von „vernünftigen Prozentsätzen" der Ernten nach Saudi-Arabien muss gewährleistet sein.
- Die Investitionen sollen in der Form von „Eigentum oder langfristigen Verträgen" erfolgen.
- Die Freiheit zur Auswahl der Agrarkulturen darf nicht beschnitten werden.
- Bilaterale Verträge mit den betreffenden Ländern sollen „die Erreichung der Investitionsziele sicherstellen".
- Ein weiteres Kriterium sind niedrige Transportkosten der Ernten nach Saudi-Arabien.

Die Saudis blieben nicht untätig. Königliche Erlasse schufen Kreditmöglichkeiten für saudische Investoren, ministerielle Arbeitsgruppen konsultierten Wissenschaft und Industrie und offizielle Delegationen unternahmen Reisen in die potenziellen Zielländer, darunter die Ukraine, die Türkei, Kasachstan, der Sudan, Äthiopien und die Philippinen. Auch mit Australien, Brasilien und Argentinien nahm man offizielle Kontakte auf. Die Regierung erarbeitete eine Liste von insgesamt 20 Ländern, die es saudischen Unternehmen empfehlen will.

Im April 2009 gründete Saudi-Arabien das öffentliche Unternehmen SCAIAP (*Saudi Company for Agricultural Investment and Animal Production*) und stattete es in einer ersten Stufe mit 800 Millionen US-Dollar Startkapital aus. Das Staatsunternehmen unterstützt saudische

Firmen, die in die ausländische Agrarproduktion einsteigen. Finanzielle Ressourcen erhält SCAIAP nicht nur direkt vom saudischen Staat, sondern auch von internationalen Organisationen, an denen Saudi-Arabien beteiligt ist. Die geplanten Projektfinanzierungen umfassen ein breites Spektrum der erforderlichen landwirtschaftlichen Infrastruktur: Be- und Entwässerungskanäle, Wasserpumpen, Stromversorgung, Straßen, Eisenbahnen, Häfen und Frachtschiffe.[179]

Um die Nahrungsmittellieferungen aber sicherstellen zu können, muss das Investitionsumfeld der Zielländer stimmen.[180] Die diesbezüglichen Wünsche der Saudis unterscheiden sich in nichts von denen westlicher Investoren und ihrer Entwicklungshelfer. Nach Aussagen des saudischen Finanzministers Al-Assaf sollen die bilateralen Abkommen zwischen Saudi-Arabien und seinen Agrarexklaven die Befreiung von zahlreichen Auflagen erreichen: Zölle, Steuern, Import- und Exportbeschränkungen sowie Begrenzungen bei der Beschäftigung ausländischer Arbeitskräfte. Eine der Aufgaben des Staatsunternehmens SCAIAP wird es sein, diese Abkommen auszuhandeln.[181]

Der Wunschzettel der Saudis verdeutlicht die Risiken der Agro-Investments. Denn neben der Verschärfung ohnehin schwelender Konflikte um Wasser und Land ist unsicher, ob die Zielländer überhaupt ökonomisch profitieren, wenn ihre Investitionsauflagen derart aufgeweicht werden, dass weder Staatseinnahmen, Beteiligungen der lokalen Wirtschaft, noch hinreichende Beschäftigungsmöglichkeiten für die ansässige Bevölkerung entstehen. Wenn sich dann noch die Pachtgebühren auf Null und die „vernünftigen Prozentsätze" der Lebensmittelexporte auf die 100-Prozent-Marke zubewegen, ist durchaus zu fragen, was – außer Schmiergeldern – in den neuen Agrarexklaven eigentlich hängen bleibt.

Mit Rückendeckung ihrer Regierungen begeben sich staatliche und private Unternehmen der Golfstaaten nunmehr auf die Suche nach geeigneten Projekten. Manche wurden schon fündig. Äthiopien, aus dem saudische Firmen den ersten Reis nach Saudi-Arabien lieferten, unterzeichnete bereits einen bilateralen Vertrag mit dem Königreich. 100 Millionen Dollar will ein Konsortium dreier saudischer Investoren insgesamt in dem afrikanischen Land anlegen. Die Regierung von Präsident Menes Zelawi gewährt offenbar attraktive Zugeständnisse, wie einer der beteiligten Unternehmer berichtet: „Sie haben zugestimmt, uns das Farmland zu verpachten. In den ersten Produktionsjahren befreien sie uns von der Zahlung von Steuern und Pachtgebühren. Und sie erlauben uns, die gesamte Produktion zu exportieren."[182]

Weideland in Pakistan

Die saudische Investmentfirma *Al Rajhi* plant, 400 Millionen US-Dollar für die Getreide-Erzeugung unter anderem im Sudan auszugeben.[183] Das saudi-arabische Agrarunternehmen *HADCO* erhielt von der sudanesischen Regierung einen Pachtvertrag über 48 Jahre. Auf zunächst 9.000 Hektar will es Weizen und Mais anbauen. Die Fläche soll sich um 33.000 Hektar erweitern. *HADCO* plant weitere Projekte in der Türkei und in Kasachstan.[184]

In Indonesien sollen saudische Firmen 2008 Agrarprojekte im Wert von 1,3 Milliarden US-Dollar gestartet haben. Ein Regierungsvertreter sagte, Indonesien sei bereit, zwei Millionen Hektar für Joint Ventures mit den Saudis bereit zu stellen.[185] Bei seinem Staatsbesuch im April 2009 in Riad trug das Königshaus dem Präsidenten Tansanias, Jakaya Kikwete, den Wunsch vor, ingesamt 500.000 Hektar in dem ostafrikanischen Land für den Reis- und Weizenanbau zu pachten. „Tansania ist bereit, mit Ihnen Geschäfte zu machen", erwiderte Kikwete. In Stückelungen von 10.000 Hektar könnten Ländereien für 99 Jahre gepachtet werden.[186]

Auch Unternehmen der Vereinigten Arabischen Emirate wurden aktiv. Die *Al Qudra Holding* kündigte an, 400.000 Hektar in einer Reihe afrikanischer und asiatischer Länder erwerben zu wollen.[187] Der *Abu Dhabi Development Fund*, ein staatseigener Entwicklungsfonds des Emirats Abu Dhabi[188], beginnt im Sudan auf 70.000 Hektar ein Projekt zum Anbau von Mais und anderen Kulturen. Der Fonds plant die

Ausweitung seines Engagements nicht nur im Sudan, sondern auch in Senegal und Usbekistan. Seine Motive sind wenig selbstlos: „Ernährungssicherheit in Abu Dhabi, das ist einer der hauptsächlichen Gründe", räumt ein Direktor des Fonds ein.[189]
Im Zuge der Verhandlungen mit Pakistan über ein bilaterales Agrarabkommen wollte die Regierung der Vereinigten Arabischen Emirate erreichen, dass Pakistan eine generelle Ausnahme von Exportbeschränkungen zusichert. Nach dem Wunsch der Emirate hätte diese Ausnahme für sämtliche Gebiete des Landes gelten sollen. Die pakistanische Regierung kam ihnen immerhin so weit entgegen, dass sie Investitionen in speziellen „landwirtschaftlichen Freihandelszonen" dieses Privileg einräumen will.[190] *Abraaj Capital*, eines der größten Investmenthäuser des Mittleren Ostens mit Sitz in Dubai, kooperierte bei diesen Verhandlungen mit der Regierung der Emirate und kaufte selbst Land in Pakistan. Nach Angaben von *Abraaj Capital* sollen öffentliche und private Unternehmen des Golf-Staates bisher 324.000 Hektar in Pakistan erworben haben.[191]

Zu diesen Unternehmen gehört auch die *Emirates Investment Group*, die bereits Getreide und Gemüse aus Pakistan in die Emirate exportiert. „Wir haben eine Reihe von Geschäften zum Kauf und zur Pacht von Land in der Punjab-Provinz in der Pipeline", bestätigte Vorstandsvize Raza Jafar. Auch er lässt keinen Zweifel an den Motiven seines Engagements aufkommen: „Sie dürfen nicht vergessen, dass dies ein Geschäft für uns ist, weder ein Wohlfahrts- noch ein Sozialprojekt. Alles, worauf wir letzten Endes aus sind, ist – wie bei jedem Unternehmen – die Maximierung von Profit."[192]

Grundstücksmakler im Helfergewand
Bei dem Bemühen, Ernährungssicherheit der Golfstaaten mit Profitmaximierung privater Unternehmen zu kombinieren, standen Weltbank und FAO von Beginn an Pate. Bereits im Juni 2008 bestätigte Weltbank-Präsident Robert Zoellick gegenüber der *Financial Times*, dass die saudische Regierung bei der Bank um Hilfe bei ihren geplanten Agrarprojekten nachsuchte: „Sie haben uns gebeten, Saudi-Arabien mit Ländern in Afrika und Zentralasien in Verbindung zu bringen", gab Zoellick freimütig zu.[193]

Diese Hilfe gewährte die Weltbank offensichtlich nicht nur dem Königreich, sondern auch den Vereinigten Arabischen Emiraten und

Ägypten. Dazu schaltete sie auch ihr Tochterunternehmen für Privatsektorfinanzierungen ein, die *International Finance Corporation* (IFC). In einer Rede beim Arabischen Wirtschaftsgipfel im Januar 2009 in Kuwait erklärte Zoellick: „Die IFC hat mit dem Privatsektor in Dubai, Kairo und Riad zusammengearbeitet, um Investitionen in die landwirtschaftliche Produktion und in die Logistik der Wertschöpfungsketten zu identifizieren. Dies birgt viel versprechende Möglichkeiten für die Süd-Süd-Kooperation."[194] Die Weltbank spielt praktisch die Rolle eines Grundstücksmaklers. Zu ihrem Serviceangebot gehört dabei nicht nur die Vermittlung von Land, sondern auch die Vergabe von Krediten. Ihr unschätzbarer Vorteil: Kaum eine andere Organisation hat intimere Kenntnisse über die Investitionsbedingungen und etwaigen Risiken in den Zielländern.[195] Die Verschuldungskrise der Entwicklungsländer und die neoliberalen Strukturanpassungsprogramme waren die Türöffner, die es der Weltbank erlaubten, die Schuldnerstaaten erschöpfend zu studieren. Sie selbst hat nicht nur viele Bodengesetze, sondern den gesamten Rechtsrahmen für ausländische Direktinvestitionen mitgestaltet. Zudem verfügt sie aufgrund ihrer zahlreichen Entwicklungsprojekte über einen reichen Erfahrungsschatz, an dem sie Regierungen und Konzerne des Mittleren Ostens nun teilhaben lässt.

Ebenso wie die Weltbank reichte auch die FAO ihre helfende Hand. Als der Präsident der UN-Landwirtschaftsorganisation, Jaques Diouf, im August 2008 angesichts der Landgeschäfte vor einem „neokolonialen Pakt" warnte[196], waren seine Mitarbeiter längst an Beratungen mit dem Golf-Kooperationsrat beteiligt. Der FAO-Repräsentant in den Vereinigten Arabischen Emiraten, Kayan Jaff, berichtete im November 2008 über die geplanten Auslandsprojekte der Golfstaaten: „Sie sind in Verhandlungen und haben uns um Rat gefragt. Die Agrar- und Wasserministerien sind die hauptsächlichen technischen Ansprechpartner, mit denen wir im Dialog stehen. Es begann mit hochrangigen Besuchen in den Ländern, auf die im Juni dieses Jahres ein Treffen in Rom folgte."[197]

Im Oktober 2008 bereits nahm die FAO an einem geschlossenen Treffen des Kooperationsrates in Riad teil. Nach Aussage von Jaff sieht die UN-Organisation ihre Rolle darin, als Vermittler zwischen den Golf-Staaten und den Zielländern der Direktinvestitionen zu dienen: „Wir sind hier, um die beiden Parteien zusammenzubringen, um Regelungen über Bodeneigentum zu erläutern, und um zu klären, was die Erwartungen sind, ob Land gepachtet oder gekauft werden soll." Daneben informiere die FAO darüber, „was angepflanzt werden kann und was angepflanzt werden sollte".[198]

Kayan Jaff machte schließlich darauf aufmerksam, dass die Golf-Staaten eine Langfrist-Strategie mit ihren Agrarinvestitionen verfolgen: „Saudi-Arabien und der Rest des Kooperationsrates haben selbstverständlich eine langfristige Vision für die Region. Das ist nicht etwas, was sie aus einer Laune heraus tun. Investitionen in die Infrastruktur eines Landes wie Sudan werden für ihre Nahrungssicherheit auf lange Sicht eine positive Wirkung entfalten."[199] Doch stellt sich die Frage, ob diese positive Wirkung auch in den Agrarexklaven zu erwarten ist. Die Informationen, die bisher über einzelne Deals durchsickerten, lassen daran jedenfalls zweifeln.

Klar aber ist, dass auch die FAO die Rolle eines Grundstücksmaklers spielt. Sie ergänzt das Leistungsspektrum der Weltbank um die notwendige agrarökonomische Expertise. Sie kann strategisch wichtige Fragen beantworten: Wo finden sich die besten Böden? Welche Kulturen lassen sich in den einzelnen Regionen am ertragreichsten anbauen? Wo ist die nötige Infrastruktur – von den Saatguthändlern über die Bewässerung bis zu den Transportmöglichkeiten – bereits vorhanden? In welchen Gebieten ließe sich die Infrastruktur mit vertretbarem Kostenaufwand errichten? Wie sehen die Bodenbesitzverhältnisse aus? Welche lokalen Gruppen erheben möglicherweise Ansprüche auf Land?

Da Weltbank und FAO die Golfstaaten schon länger beim Kauf und der Pacht von Land beraten, ist davon auszugehen, dass sie über eine weit intimere Kenntnis vieler dieser Geschäfte verfügen als sie öffentlich preisgeben. Diese Kenntnis erstreckt sich vermutlich auch auf einige der besonders umstrittenen Deals, die mit erheblichen politischen Risiken einhergehen, etwa im Sudan oder in Pakistan. Es existieren diverse Hinweise, dass noch weitere internationale Organisationen aktiv am Maklergeschäft beteiligt sind, etwa das Internationale Reisforschungsinstitut IRRI (*International Rice Research Institute*) auf den Philippinen.[200]

Going global: Chinas Agrarinvestitionen

Chinas Aktivitäten an der Agrarfront erregen große Aufmerksamkeit. Kein Wunder: Mit seinen 1,3 Milliarden Menschen ist das „Reich der Mitte" nicht nur das bevölkerungsreichste Land der Erde, sondern auch der größte Agrarproduzent. Ob Reis, Weizen, Kartoffeln oder Frisch-

Gemüse: Die größten Mengen erzeugen chinesische Bauern. Chinas Landwirtschaftpolitik beeinflusst unweigerlich die Welternährung und wird – neben der indischen Agrarpolitik – künftig noch an Bedeutung zunehmen. Das US-Landwirtschaftsministerium betont Chinas Rolle auf dem Weltmarkt: „Jeder signifikante Einbruch der inländischen chinesischen Getreideproduktion hätte sowohl Auswirkungen auf China als auch auf die globalen Lebensmittelpreise."[201]

Um die eigene Produktion auch künftig aufrecht erhalten zu können, hat das Riesenreich jedoch mit erheblichen Widrigkeiten zu kämpfen. Vor allem Land und Wasser sind überaus knapp. Die Volksrepublik muss 22 Prozent der Weltbevölkerung ernähren, verfügt aber nur über 7 Prozent der globalen Agrarfläche und 5,8 Prozent des jährlichen Süßwasserangebots der Erde. Urbanisierung, Industrialisierung und Degradierung ließen die chinesischen Äcker bereits erheblich schrumpfen: In den 1960er bis 1980er Jahren fielen dem Siedlungsbau jährlich über eine halbe Million Hektar zum Opfer. Pro Kopf entfallen auf jeden Chinesen heute nur noch 0,11 Hektar Ackerland. Und auch die Weideflächen sind mit 0,22 Hektar pro Kopf überaus gering.[202]

Doch seit einigen Jahren versucht die chinesische Regierung, dem Ackerschwund Einhalt zu gebieten. So will sie eine landwirtschaftliche Nutzfläche von mindestens 1,8 Milliarden *mu* – das entspricht rund 120 Millionen Hektar – erhalten. Zwar verminderten sich die Schrumpfungsraten in den letzten Jahren deutlich, gänzlich gestoppt werden konnte dieser Prozess bisher aber nicht. Zwischen 2001 und 2007 verringerte sich die Nutzfläche weiter von 127 Millionen auf 121 Millionen Hektar und näherte sich damit bedrohlich der von der Regierung gezogenen „roten Linie".[203] Eine Vergrößerung der Ackerfläche ist kaum noch möglich und gilt auch nicht als effizient. Da die potenzielle Nutzfläche auch nur 122 Millionen Hektar beträgt, schöpft China bereits das Maximum seines Flächenangebots aus.

Umso beunruhigender sind die qualitativen Schäden durch Degradierung, Wüstenbildung und Klimawandel. Knapp 40 Prozent der Landfläche gelten als degradiert, dies vor allem in den trockenen und halbtrockenen Regionen Nord- und Westchinas, wo zugleich die größte Armut herrscht. 90 Prozent der chinesischen Armen leben in erosionsgeschädigten Gebieten. In den westchinesischen Provinzen – hier leben 350 bis 400 Millionen Menschen – ist fast die Hälfte des Landes durch Wasser- und Winderosion geschädigt. Auch die Städte bleiben nicht verschont: So wüten in Peking immer häufiger heftige Sandstürme.[204]

Jedes Jahr gehen in China 4,5 Milliarden Tonnen Erde durch Erosion verloren. Verweht und weggespült lagern sich die Sandmassen als Sediment in den Flüßen ab und lösen häufige Überflutungen aus, etwa am Yangtse. Auch der Gelbe Fluss (Huang He) führt immer mehr Sand und Schlamm mit sich. Mu Xingming, Professor am chinesischen Institut für Boden- und Wasserschutz, sagt, er werde „immer gelber".[205]
Hinzu kommt die Wasserknappheit, die besonders in der Nordhälfte Chinas (nördlich des Einzugsgebietes des Yangtse) teils dramatische Formen annimmt. In den nördlichen Bassins leben 44 Prozent der Chinesen, sie verfügen aber nur über 14 Prozent des Süßwasserangebots des Landes, drei Viertel davon verbraucht die Landwirtschaft. Im Norden konzentrieren sich auch die chinesischen Bewässerungsgebiete mit einer Fläche von 52 Millionen Hektar. 67 Prozent der gesamten chinesischen Getreideernte stammt von diesen bewässerten Feldern. Die Intensivlandschaft aber übernutzt Oberflächen- und Grundwasser. Die Einzugsgebiete der großen Flüsse im Norden (Huai He, Hai He, Songliao He und Gelber Fluss) leiden besonders unter dem Wassermangel, der sich aufgrund der häufigeren Trockenheiten noch verschärft. Der Gelbe Fluss trocknet mittlerweile fast jedes Jahr aus. Weil sich zudem 40 Prozent der Bewässerung aus dem Grundwasser speist, sinken die Grundwasserspiegel im Norden in hohem Tempo: teilweise um ein bis drei Meter pro Jahr.[206]
Die degradierten Gebiete erlitten bereits erhebliche Ertragseinbußen. In der Inneren Mongolei schrumpften die Hektarerträge von Weizen innerhalb von 30 Jahren um über zwei Drittel und im Südwesten Chinas gingen Reiserträge um die Hälfte zurück.[207] Nach einer Ende 2008 vorgestellten Untersuchung chinesischer Forscher greift die Bodenerosion mittlerweile „in fast jedem Flußgebiet einer jeden Provinz" um sich. Halte der gegenwärtige Trend an, werde die Getreideproduktion auch im bedeutenden Agrargebiet des Nordostens, dem Brotkorb Chinas in der Mandschurei, innerhalb der nächsten 50 Jahre um 40 Prozent einbrechen. Seit dem Jahr 2000 habe die Erosion einen wirtschaftlichen Verlust von knapp 30 Milliarden US-Dollar verursacht, berechneten die Wissenschaftler.[208]
Der chinesischen Führung machen aber nicht nur der Schwund und die Degradierung der Böden Sorgen, sondern auch die massenhaften Konflikte auf dem Lande. Die chinesische Landbevölkerung wird nach unterschiedlichen Berechnungsmethoden auf 800 bis 900 Millionen Menschen – 57 bis 70 Prozent der Gesamtbevölkerung – geschätzt. Das Agrarland befindet sich in China im Kollektivbesitz von Dörfern

China: Feldarbeit in der Provinz Hubei

oder Dorfgruppen, die an die Haushalte Bodennutzungsrechte vergeben. Doch unzählige Konflikte entzünden sich an illegalen Enteignungen durch lokale Behörden und korrupte Parteifunktionäre, die das Land für Industrie- und Siedlungsbau, Bodenspekulation oder den Verkauf benutzen wollen.[209]

Gegen diesen Landraub setzen sich die Bauern auf vielfältige Weise und überaus massiv zur Wehr, bis hin zu Angriffen auf lokale Würdenträger. Dabei wissen sie sehr genau, wofür sie kämpfen. Viele Bauern haben noch die verheerende Hungersnot in der Zeit des „Großen Sprungs nach vorn" unter Mao erlebt. Und obgleich China das Land mit den größten Erfolgen bei der Armutsbekämpfung ist, gibt es noch heute 127 Millionen Hungernde.[210]

Die internen Versorgungsprobleme, die ökologischen Kalamitäten und die hohen chinesischen Wachstumsraten nähren die Erwartung, die Volksrepublik werde nicht nur ihren Rohstoffhunger auf dem Weltmarkt stillen, sondern auch massenhaft Agrargüter einführen. Regierungsstellen in der EU und in den USA prognostizieren ein anhaltendes Importwachstum Chinas, von dem die exportorientierten europäischen und nordamerikanischen Agrarfabriken profitieren könnten.

Im Dezember 2001 trat China der Welthandelsorganisation WTO bei und verpflichtete sich zur Marktöffnung auch im Agrarbereich. Seither nehmen die Agrarimporte weit stärker zu als die Exporte. Während sich die Importwerte zwischen 2001 und 2006 verdreifachten, verzeichneten die Exporte lediglich eine Verdopplung. Nach den Daten der Vereinten Nationen wandelte sich das Land 2003 erstmals von einem Nettoexporteur zu einem Nettoimporteur von Agrargütern.[211] Aufgrund seines Land- und Wassermangels und der vergleichsweise niedrigen Arbeitskosten importiert China vornehmlich flächenintensive Rohstoffe wie Getreide und Ölsaaten und exportiert verarbeitete Güter, vor allem Trockenobst, Kühlgemüse, Dosenfrüchte, Säfte, Gewürze, Hühner - und Schweinefleisch.[212]

Das chinesische Agrarhandelsdefizit hält zwar bis heute an, ob das Land seine Importe aber weiterhin so stark steigert, wie es die EU-Kommission oder die US-Regierung prognostizieren, bleibt abzuwarten. Dabei ist zu berücksichtigen, dass diese Prognosen häufig politisch motiviert sind und dazu dienen sollen, den Strukturwandel von der bäuerlichen zur industriellen Landwirtschaft in den USA oder der EU zu legitimieren. Mitunter liegen die Voraussagen auch weit daneben, wie der Agrarforscher Darryll Ray am Beispiel des US-Landwirtschaftsministeriums zeigte. Dessen Prognosen über Chinas Maisimporte etwa zeichneten sich in den vergangenen 12 Jahren nur dadurch aus, dass sie „immer falsch" waren, wie Ray feststellte. Anders als prognostiziert entwickelte sich das Land zum Nettoexporteur von Mais.[213]

Entgegen vieler Erwartungen blieb China in den vergangenen Jahren auch insgesamt ein Nettoexporteur von Getreide (Reis, Weizen und Mais). Anders aber sieht die Bilanz bei Ölpflanzen aus. Die Volksrepublik wurde zum weltweit zweitgrößten Importeur von Soja – nach der Europäischen Union – und weist ein wachsendes Handelsdefizit mit dieser proteinreichen Ölpflanze aus.[214] Die Hälfte seines Sojabedarfs bezieht das Land mittlerweile auf dem Weltmarkt, hauptsächlich aus den USA, Brasilien und Argentinien. Die Sojabohnen werden von immer mehr Niederlassungen transnationaler Handelskonzerne nach China eingeführt und dienen der Lebensmittel- und Futtermittelproduktion.

Nicht anders als in westlichen Industriestaaten schlägt auch in China der gestiegene Konsum tierischer Produkte auf den Futtermittelbedarf durch. Zwischen 1990 und 2006 erhöhte sich der pro Kopf-Jahresverbrauch der chinesischen Stadtbevölkerung bei Rind-, Schweine- und Lammfleisch von 22 auf 24 kg, bei Hühnerfleisch von 3 auf 8 kg und bei Milchprodukten von 5 auf 18 kg. Auf dem Lande steigt der Verbrauch tierischer Produkte ebenfalls deutlich an, wenn auch auf niedrigerem Niveau.[215] Gleichwohl konsumieren Chinesen noch immer weniger

Fleisch als US-Amerikaner oder Deutsche. Der Anteil tierischer Produkte am täglichen Kalorienverbrauch beträgt in China 609 Kilokalorien pro Kopf, in den USA 1063 und in Deutschland 1103.[216]

Zu den weiteren Agrarprodukten, deren Einfuhren stark steigen, gehören Palmöl, hauptsächlich aus Malaysia und Indonesien, sowie Baumwolle und Kautschuk. Baumwolle ist der unverzichtbare Rohstoff der bedeutenden chinesischen Textilindustrie. Zur Hälfte stammt die Baumwolle aus den USA, der Rest vornehmlich aus Usbekistan, Indien, Australien und Burkina Faso.[217] Kautschuk, den Rohstoff des Gummis, benötigt das Land unter anderem für die Reifenherstellung. Es führt ihn vielfach aus südostasiatischen Nachbarländern ein.

Trotz des Importanstiegs gibt es bisher allerdings keine eindeutigen Anzeichen dafür, dass China seine Ernährungssicherheit stärker vom Weltmarkt abhängig machen wollte. In den vergangenen Jahrzehnten konnte sich das Land nahezu vollständig selbst versorgen und importiert auch heute nur einen kleinen Teil seines gesamten Nahrungsmittelbedarfs. Diese Politik will die chinesische Führung auch künftig fortsetzen, wie sie noch im Herbst 2008 bei der Präsentation ihrer umfassenden Agrarreform bekräftigte. Ihr Ziel ist es nicht nur, die Nutzfläche zu stabilisieren, sondern auch eine Selbstversorgungsrate mit Getreide von mehr als 95 Prozent über die nächsten 12 Jahre zu erhalten. 2007 lag die Getreide-Selbstversorgung mit 98 Prozent sogar deutlich über dieser Marke.[218] Entsprechend gehörte China – neben Indien – auch zu jenen Ländern, die sich Mitte 2008 bei den WTO-Verhandlungen vehement gegen weitere Marktöffnungen für Agrarprodukte wehrten.[219]

Offensive des Lächelns

Im Mai 2008 – die Brotrevolten machten weltweit Schlagzeilen und auch China bekam die Preisinflation zu spüren – kamen Spekulationen auf, die Volksrepublik wolle offensiv Ackerland in Übersee kaufen. Hintergrund waren Medienberichte, denen zufolge das Landwirtschaftsministerium einen Plan erarbeite, um chinesische Unternehmen beim Landerwerb vor allem in Afrika und Südamerika zu unterstützen. Auch verhandle das Ministerium bereits mit Brasilien über die Möglichkeiten des Landerwerbs für den Sojaanbau.[220]

Chinesische Funktionäre indes bestritten in der Folge wiederholt die Existenz eines solchen Plans. Xie Guoli, Vize-Direktor für Handelsförderung im Agrarministerium, sagte zur Begründung: „Es ist nicht realistisch, Getreide in Übersee zu produzieren, besonders in Afrika oder Südamerika. Es hungern so viele Menschen in Afrika: Kann man das Getreide einfach nach China schicken? Der Preis und die Risiken wären sehr hoch." Weil der Transport sehr teuer werden könne, sei zudem unsicher, ob die Lieferungen in China überhaupt Abnehmer fänden und Importzertifikate erhielten.[221]

Auch Quian Keming, Marktdirektor im Landwirtschaftsministerium, bestätigte, dass die Regierung die chinesischen Unternehmen nicht zu überseeischem Landerwerb dränge. Jene Firmen, die im Ausland produzieren, täten dies aus wirtschaftlichem Interesse und nicht unbedingt, um die Ernten nach China zu verschiffen. Die chinesische Regierung setze auf den Handel, nicht auf das *Outsourcing* der Landwirtschaft. „Wir werden den Handel mit wichtigen Exporteuren fortsetzen und weiterhin Sojabohnen aus den USA, Brasilien und Argentinien importieren", sagte Quian. „Es ist billiger, in diesen wichtigen Exportländern einzukaufen."[222]

Chinas Vize-Landwirtschaftsminister Niu Dun schloss am Rande des ersten Agrar-Gipfels der G8 im April 2009 ebenfalls die Förderung überseeischen Bodenerwerbs aus. „Wir können unsere Ernährungssicherheit nicht von anderen Ländern abhängig machen", bekräftigte Niu. Er distanzierte sich ferner von jenen Regierungen, die die Landkäufe unterstützen: „Unsere Situation unterscheidet sich von anderen Ländern, wie zum Beispiel Südkorea."[223]

Trotz dieser Beteuerungen aber gibt die Regierung bereits seit mehreren Jahren unter dem Slogan *go global* Anreize für die Internationalisierung chinesischer Unternehmen, auch im Agrarbereich. Auch wurden in jüngster Zeit die Stimmen in der chinesischen Führung lauter, die aufgrund der inländischen Versorgungsschwierigkeiten eine Ausweitung ausländischer Agrarinvestitionen fordern, da diese bisher nur eine sehr geringe Rolle spielen. Im Jahr 2006 betrugen Chinas Auslandsinvestitionen in der Land- und Forstwirtschaft, Viehzucht und Fischerei 190 Millionen US-Dollar, was lediglich 0,9 Prozent der gesamten ausländischen Direktinvestitionen jenes Jahres entsprach. Der kumulierte ausländische Investitionsbestand in diesen Sektoren erreichte 800 Millionen US-Dollar; dies entsprach ebenfalls nur 0,9 Prozent des gesamten Investitionsbestands chinesischer Unternehmen im Ausland.[224]

2006 verabschiedete Chinas Regierung politische Richtlinien für die Förderung von ausländischen Direktinvestitionen. Zu den besonders förderungswürdigen Schwerpunkten gehören die Produktion von Kautschuk, Ölpflanzen, Baumwolle und Gemüse sowie Viehzucht, Fischerei und Holzplantagen. Diese Sektoren werden in der Außenwirtschafts-, Währungs- und Handelspolitik besonders berücksichtigt und kommen in den Genuss von Zoll- und Steuererleichterungen, Vorzugskrediten und Bürgschaften. Sowohl die Pekinger Zentralregierung als auch die Provinzregierungen fördern die Internationalisierung des chinesischen Kapitals. Wie ihre Regierungskollegen im Westen nutzen sie dafür nicht nur die Wirtschaftsförderung, sondern auch die Entwicklungshilfe. So subventioniert die staatliche Entwicklungsbank *China Development Bank* mehrere Agrarprojekte chinesischer Firmen im Ausland. Hauptsächliche Nutznießer sind Großkonzerne, vor allem Staatsunternehmen.[225]

Als Entwicklungshilfe versteht China die Aktivitäten der mit dem Landwirtschaftsministerium verbundenen *China State Farm Agribusiness Corp* (CSFAC), die in mehreren afrikanischen Ländern Farmen erwarb, darunter in Ghana, Guinea, Togo, Tansania, Sambia und Südafrika. Allerdings dienen diese Betriebe, die oftmals Demonstrationscharakter haben, mitunter tatsächlich der Versorgung lokaler Märkte, etwa die *China-Zambia-Friendship Farms*, die Weizen und Gemüse anbauen sowie Rinder, Schweine und Hühner züchten.[226] Insgesamt sollen chinesische Staatsunternehmen in Sambia bereits 15 Farmen auf 10.000 Hektar errichtet haben. Auf dem afrikanischen Kontinent plant China derzeit die Errichtung weiterer 14 agrartechnologischer Demonstrationszentren, darunter in Simbabwe, Mosambik, Sudan und Madagaskar.[227]

In mehreren asiatischen Ländern errichtete China ebenfalls landwirtschaftliche Demonstrationsfarmen, so in Kambodscha, Laos, Indonesien, Russland und auf den Philippinen. Ähnliche Projekte verfolgt es in Venezuela und auf Kuba. Daneben betreiben auch mehrere *State Farm Agribusiness Corps* (SFACs) der chinesischen Provinzen Höfe im Ausland: *Jiangsu SFAC* erntet in Sambia, *Hubei SFAC* in Mosambik und *Shaanxi SFAC* in Kamerun. Die *Heilongjiang SFAC* investierte im benachbarten Russland. Das Staatsunternehmen aus der nordostchinesischen Provinz Heilongjiang soll auf sibirischer Erde rund 93.000 Hektar bewirtschaften.[228]

Doch mitunter ist die chinesische Hilfe nicht weniger inkohärent als die ihrer westlichen Konkurrenten. Dies wird deutlich, wenn Han Xiangshan, der Vizepräsident von CSFAC, die Bedingungen für Chinas Engagement auflistet. Dazu gehören an erster Stelle staatliche Vergünstigungen seitens der Empfängerländer, etwa Steuererleichterungen für Treibstoffe und die Einfuhr von Maschinen und Material, sowie billiger Zugang zu Land. Lobend heißt es etwa über Tansania, wo CSFAC Sisal anbaut, es habe die Landpacht für die Chinesen von 600 auf 200 Shilling pro Hektar abgesenkt. Die Plünderung der Staatshaushalte zugunsten ausländischer Investoren, egal welcher Herkunft sie sind, lässt sich aber schwerlich als kohärente Hilfe darstellen.[229]

Im Rahmen der sino-tansanischen Kooperation errichtete der Saatgutkonzern *Chongquing Seed Corp* ebenfalls eine Demonstrationsfarm in Tansania. Der *Chongquing Seed*-Manager, Huang Zhonglun, betont die Vorzüge des ostafrikanischen Landes im Vergleich zu Laos, wo sich sein Unternehmen einst engagierte, aber aufgegeben hat. Seine Begründung für den Rückzug aus Laos: „Sie verlangen viel für die Landpacht und es gibt keine Bewässerungsinfrastruktur, weswegen wir von der Regenzeit abhängig sind." Neben Pachtgebühren und Bewässerung verweist Huang Zhonglun auf einen weiteren sensiblen Punkt: „Das dortige System übt keinen Einfluss auf die Bauern aus, sodass die Arbeit nicht sehr effizient ist. Da können wir aber keine chinesischen Arbeiter hinschicken, um die Felder zu bestellen."[230]

Tatsächlich bringen chinesische Investoren mitunter die eigenen Arbeitskräfte mit, was die Frage aufwirft, inwieweit überhaupt lokale Beschäftigung entsteht. Peking unterstützt die Auswanderung chinesischer Bauern nach Afrika, und manche verarmten Landbewohner machen sich auch unabhängig davon auf den Weg. In einer Rede in Chongquing, der zentralchinesischen Stadt mit ihrem großen agrarisch geprägten Umland, motivierte der Chef der chinesischen *Export-Import Bank*, Li Ruogu, die Bauern, nach Übersee zu gehen: „Chongquing hat eine relativ starke landwirtschaftliche Basis. In Afrika gibt es viele Staaten mit reichlich Land, aber geringem *Output* an Nahrungsmitteln." Es sei daher überhaupt kein Nachteil, „Bauern zu erlauben, das Land zu verlassen, um Farmbesitzer in Afrika zu werden." Die *Export-Import Bank* werde diese Migration umfassend durch „Investitionen, Projektentwicklung und Hilfen beim Verkauf der Produkte" unterstützen.[231]

Liu Jianjun vom *China-Africa Business Council* betreibt die Ansiedlung von Chinesen in sogenannten „Baoding Dörfern" in Kenia, Uganda, Ghana und Senegal. Benannt nach der chinesischen Stadt Baoding entstehen in diesen Siedlungen Agrarunternehmen, in denen Chinesen gemeinsam mit afrikanischen Partnern Nahrungsmittel erzeugen sollen. „Zuerst waren die Leute nicht bereit, nach Afrika zu gehen, weil es zu heiß ist und Krankheiten und Kriege gibt", erzählt Liu Jianju.

„Aber als die chinesische Regierung die Menschen zur Auswanderung ermunterte, waren sie positiver eingestellt."[232]

Auch wenn bisher nur sehr wenige chinesische Bauern oder Farmarbeiter in Afrika tätig sind, kann dies mitunter zu Konflikten führen. So regte sich in Mosambik Protest, als Gerüchte die Runde machten, im Tal des Sambesi-Flusses sollten große Flächen an chinesische Siedler verpachtet werden. Zunächst sei die Ansiedlung von 3.000 Bauern geplant gewesen, später sollten es bis zu 10.000 werden. Aufgrund der Proteste aber sah sich die mosambikanische Regierung genötigt, die Existenz dieser Pläne zu bestreiten.[233]

Zahlreiche weitere chinesische Unternehmen engagieren sich in der ausländischen Agrarproduktion. So investieren der staatliche Handelskonzern COFCO und der staatliche Ölkonzern CNOOC (*China National Offshore Oil Corp*) massiv in Biotreibstoffe, vornehmlich in Südostasien. COFCO ist über seine Beteiligung an *Wilmar International* in Indonesien und Malaysia aktiv (siehe Kapitel 3). CNOOC gründete im Jahr 2005 mit der indonesischen *Sinar Mas Group* ein Joint Venture, das Palmöl, Zuckerrohr und Maniok auf insgesamt einer Million Hektar in Kalimantan und Westpapua erzeugen soll.[234]

ZTE Agribusiness, eine Gründung des chinesischen Telekommunikationskonzerns *ZTE Corporation*, investiert ebenfalls in Ölpalmen in Indonesien und Laos. Sein größtes Projekt mit einer geplanten Plantagenfläche von einer Million Hektar unternimmt es in der Demokratischen Republik Kongo. ZTE-Regionalmanager Zhang Peng verbreitete den branchenüblichen Optimismus: „Wir wollen hier Palmen pflanzen und das Palmöl zu Biodiesel verarbeiten. Die 1-Million-Hektar-Plantage wird für Tausende Kongolesen Jobs schaffen."[235]

Reis und Raub: Der Angriff der Hybride

Ein zentrales Ziel der agrarischen Expansion Chinas ist die Verbreitung von chinesischem Hybrid-Reis. Viele der landwirtschaftlichen Technologiezentren, die die Volksrepublik im Ausland eröffnet, dienen genau diesem Zweck. Die Hybridsorten sind Kreuzungen verschiedener Reislinien, was höhere Kornerträge erbringen soll. Sie haben jedoch den enormen Nachteil, dass der Ertragsvorteil – falls er sich überhaupt einstellt – nur bei der ersten Generation der Hybride auftritt. Bereits bei der zweiten Generation brechen die Erträge derart stark ein, dass die bäuerliche Praxis, einen Teil der Reisernte für die Wiederaussaat einzubehalten, obsolet wird. Das patentierte Hybrid-Saatgut muss daher für jede Aussaat neu eingekauft werden – ein lukratives Geschäft für die Agroindustrie, die zudem an dem hohen Bedarf chemischer Dünger und Pestizide verdient.

In Asien, wo der Großteil der weltweiten Reisernte erzeugt wird, ist China bei der Verwendung von Hybrid-Reis führend. Auf über der Hälfte der chinesischen Reisfelder (53,4 Prozent) wuchsen 2006/2007 Hybridsorten. In den anderen asiatischen Anbauländern sind diese Sorten noch relativ wenig verbreitet, ihre Nutzung steigt aber an. Die Hybrid-Anteile der Reisfelder betrugen 2006/2007 in Vietnam 8,2 Prozent, Bangladesch 5,9 Prozent, Philippinen 4,9 Prozent, Indien 2,5 Prozent, Pakistan 2,4 Prozent und Indonesien 1,1 Prozent.[236]

Die asiatischen Bauern mit chinesischen Hybriden zu versorgen, verspricht riesigen Profit. Saatzucht- und Handelsunternehmen aus der Volksrepublik spielen bereits eine wichtige Rolle auf den asiatischen Märkten. Das größte auf Reis-Hybride spezialisierte Unternehmen ist *Yuan Longping High-Tech Agriculture Co*, benannt nach dem Wissenschaftler Yuan Longping, der in China als „Vater des Hybrid-Reis" gilt und selbst einen Anteil an dem Unternehmen hält. Yuan Longping, der wie ein Nationalheld verehrt wird, gehört zu den reichsten Menschen Chinas und bekleidet zugleich den Posten des Generaldirektors im staatlichen Forschungsinstitut *China National Hybrid Rice Research and Development Centre*.[237]

Auf den Philippinen gründete *Yuan Longping High-Tech Agriculture* mit dem Unternehmer Henry Lim das Joint Venture *SL Agritech*, um dort chinesische Hybridsorten zu verbreiten, neben Reis auch Mais und Sorghum. Es kooperiert dabei mit dem *Centre for Agricultural Technology*, einer Gemeinschaftsgründung der chinesischen und philippinischen Regierung, das ebenfalls chinesische Reis-Hybride auf dem Archipel testet. Zwar wirbt Yuan Longping gern damit, dass seine Sorten „dem Wohlergehen der Menschheit dienen" sollen, doch stellt sein Unternehmen durch die Patentierung (bzw. den Sortenschutz) die exklusiven Vermarktungsrechte an ihnen sicher. Auch machten Bauern auf den Philippinen – wie in anderen Ländern – sehr schlechte Erfahrungen mit diesen Reissorten, die oftmals nur von minderer Qualität und nicht an die lokalen Gegebenheiten angepasst sind.[238]

Im Februar 2009 brachen Hunderte von Bauern in der Provinz Nueva Ecija, dem wichtigsten Reisanbaugebiet der Philippinen, in Panik aus. Ihre Hybrid-Pflanzen wiesen Schädlingsbefall auf, blühten zu früh und die Reishülsen waren leer. Manche versuchten die Ernte durch höhere Düngemittelgaben zu retten, andere wechselten die Sorten. Das Saatgut, das sie subventioniert durch das staatliche Hybrid-Reis-Programm von der chinesisch-philippinischen *SL Agritech* erhielten, hatte aufgrund seiner chemischen Behandlung eine rötliche Farbe. Die Bauern nannten es „die rote Saat".[239] Der Abgeordnete Edno Joson, der eine parlamentarische Untersuchung initiierte, berichtete: „Unsere Bauern sind gezwungen, die Hybrid-Pflanzen auszureißen und neu auszusäen. Sie müssen deswegen mehr Geld für Saatgut ausgeben, was sie noch tiefer in die Verschuldung treibt."[240]

Die Überschuldung ist der entscheidende Grund dafür, dass sich immer mehr Familien zur Aufgabe gezwungen sehen und ihr Land ver-

Hybrid-Reis Saatgut von SL Agritech

kaufen. Der Generalsekretär der philippinischen Bauernbewegung KMP (*Kilusang Magbubukid ng Pilipinas*), Danilo H. Ramos, betrachtet das staatliche Hybrid-Programm daher als einen Hebel der Bodenkonzentration. „Die hauptsächlichen Verlierer sind die Bauern", klagt Ramos. „Sie sind der Verschuldung preisgegeben, Gesundheitsschäden durch Agrochemikalien und Hybrid-Varietäten ausgesetzt und werden durch die Flächennutzungsänderungen von ihrem Land vertrieben." Dagegen könnten „Großgrundbesitzer ihre Kontrolle über die Ländereien verteidigen und ausweiten".[241]

Wie berechtigt diese Befürchtungen sind und wie massiv chinesische Wirtschaftsinteressen die philippinische Landfrage betreffen können, zeigte sich bereits im Januar 2007, als aus Anlass eines Staatsbesuchs des chinesischen Premierministers Wen Jiabao auf den Philippinen 18 zwischenstaatliche Abkommen im Bereich der Agrar- und Fischereiwirtschaft unterzeichnet wurden. Nachdem diese Verträge an die Öffentlichkeit gerieten, lösten sie einen Aufschrei in der philippinischen Öffentlichkeit aus. Einige der Abkommen sehen die Verpachtung sehr großer Landflächen vor. Sie widersprechen auch den offiziellen chinesischen Beteuerungen, es gebe kein Interesse an ausländischen Ländereien.[242]

Besonders empörte das *Memorandum of Understanding* zwischen den philippinischen Ministerien für Landwirtschaft, Agrarreform und Umwelt auf der einen Seite und der Regierung der chinesischen Provinz Jilin, der *China Development Bank* und dem Unternehmen *Jilin Fuhua Agricultural Science and Development Co* auf der anderen Seite. Nach diesem Übereinkommen sollen in mehreren Phasen insgesamt eine Million Hektar an *Jilin Fuhua* für die Dauer von 25 Jahren verpachtet werden, mit der Option auf weitere 25 Jahre. Beginnen will man in der ersten Phase mit 50.000 Hektar.[243] Dies ist ein riesiges Projekt gemessen daran, dass die gesamte landwirtschaftliche Nutzfläche der Philippinen nach offiziellen Angaben 13 Millionen Hektar umfasst.[244]

In dem Memorandum verpflichten sich die drei philippinischen Ministerien zur Identifizierung von Böden, die für die Produktion von Mais-, Reis- und Sorghum-Hybriden geeignet sind. Sie müssen dafür sämtliche Informationen über die Eigentumsverhältnisse dieser Flächen bereitstellen und *Jilin Fuhua* die erforderlichen Nutzungszertifikate ausstellen. Ferner sieht das Memorandum die Aussetzung von Importzöllen auf die Güter vor, die *Jilin Fuhua* einführen will: Saatgut, Dünger, Chemikalien und andere Materialien. Ebenso entfallen sämtliche Zölle auf die Exporte des Getreides, das in diesem Projekt erzeugt wird.[245]

Wie Juristen monieren, gerät das Übereinkommen in Konflikt mit geltendem philippinischen Recht und unterminiert das staatliche Agrarreformprogramm CARP (*Comprehensive Agrarian Reform Program*). Das Landwirschaftsministerium bestätigte, dass das Memorandum sowohl öffentliches als auch privates Land betrifft.[246] In beiden Fällen aber hat dies Implikationen für die Agrarreform, wie die Rechtshilfeorganisation IDEALS (*Initiative for Dialogue and Empowerment through Alternative Legal Services*) verdeutlichte. Denn sowohl öffentliches als auch privates Land, das „landwirtschaftlich genutzt oder für eine solche Nutzung geeignet ist", unterfällt prinzipiell dem CARP-Programm. Zudem darf öffentliches Land nach der philippinischen Verfassung nur von Unternehmen gepachtet werden, an denen philippinische Staatsbürger einen Anteil von mindestens 60 Prozent halten. Zudem dürfen die Pachtflächen 1.000 Hektar nicht überschreiten. Wie bereits diese Anforderungen mit dem *Jilin Fuhua*-Deal vereinbar sein sollen, ist schleierhaft.

Nach Angaben von IDEALS haben noch unzählige Familien nach dem Agrarreformprogramm einen Anspruch auf Landtitel. Die vorgesehene Verpachtung von einer Million Hektar aber „wird Bauern und Farmarbeitern effektiv den Rechtsanspruch auf das von ihnen bearbeitete Land entziehen". Zudem sage eine Ausführungsbestimmung des CARP-Programms, dass Verpachtungen ohnehin nur als eine „letzte Möglichkeit" in Betracht kommen sollen.[247]

Die Rechtshilfeorganisation macht auf einen weiteren wunden Punkt aufmerksam: die völlig undurchsichtige Finanzierung dieses Projekts. Das Landwirschaftsministerium behauptete, *Jilin Fuhua* werde, unterstützt durch die *Chinese Development Bank*, über fünf bis sieben Jahre 3,84 Milliarden US-Dollar investieren. Dem *Memorandum of Understanding* aber ist dies nicht zu entnehmen. Ganz im Gegenteil tauchen darin erhebliche Verpflichtungen der philippinischen Seite auf. So verpflichten sich die philippinischen Ministerien, für Straßenverbindungen „von der Farm zu den Märkten" und für „grundlegende Bewässerungsinfrastruktur" zu sorgen. Derweil soll *Jilin Fuhua* für die Projektabwicklung ein Unternehmen gründen, welches als „Kreditplattform" dient.[248]

Zu Recht moniert IDEALS, dass das Memorandum darüber schweigt, wer Kunde dieser Kreditplattform sein soll, denn dies muss gar nicht *Jilin Fuhua* sein. Stattdessen könnte es der philippinische Staat sein, der sich immerhin zu erheblichen Infrastrukturinvestitionen verpflichtete, die er möglicherweise über chinesische Kredite finanziert und sich dadurch gegenüber China verschuldet. Aber auch Bauern, die für *Jilin Fuhua* produzieren sollen und dafür Saatgut, Dünger und Pestizide benötigen, kommen als mögliche Kreditnehmer in Betracht. Das chinesisch-philippinische Übereinkommen schließt überhaupt nicht aus, dass sämtliche Projektkosten nicht die vermeintlichen Investoren, sondern philippinische Bauern und Steuerzahler berappen. Die philippinische Parlamentsabgeordnete Risa Hontiveros brachte das Risiko auf den Punkt: „Es kann darauf hinauslaufen, dass die Chinesen sämtliche Erzeugnisse umsonst ernten. Wir produzieren für sie und bezahlen sie dann."[249]

In einer Parlamentsdebatte machte Risa Hontiveros ferner darauf aufmerksam, dass *Jilin Fuhua* ebenfalls mit *SL Agritech* kooperiert, dem philippinischen Joint Venture des chinesischen Hybrid-Konzerns *Yuan Longping High-Tech Agriculture*. Die Abgeordnete verweist auf die Sorge vieler Bauern, dass Yuan Longpings Hybrid-Sorten die traditionellen philippinischen Landsorten verdrängen und die Kulturpflanzenvielfalt bedrohen könnten. Wenn sich nun Sorten verbreiten, deren Saatgut für jeden Zyklus gekauft werden muss, wo bleibe dann „das Recht der Bauern, Saatgut zurückzubehalten, zu nutzen, zu tauschen oder zu verkaufen", fragte die Abgeordnete. Den Verweis auf die vermeintlichen Ertragsvorteile der neuen Sorten mochte sie nicht gelten lassen: „Wahrscheinlich", so ihre Vermutung, „kehren sich die Vorteile der Hybride gegenüber Landsorten um, wenn wir die gleiche Unterstützung, die wir für den Anbau von Hybrid-Reis, -Mais und -Sorghum leisten, den Bauern gewähren würden, die Landsorten pflanzen, sammeln, verkaufen und tauschen."[250]

Aufgrund der massiven Kritik an diesen Abkommen verkündete der philippinische Landwirtschaftsminister Arthur Yap im September 2007 schließlich, sein Ministerium wolle zwei der 18 Verträge mit China, darunter jenen mit *Jilin Fuhua*, zeitlich befristet aussetzen, um einen „akzeptablen Mechanismus" aushandeln zu können. „Ich möchte einfach mehr Zeit für Konsultationen mit allen Stakeholdern", sagte Yap zur Begründung.[251] Da der Status und die Rechtmäßigkeit der Verträge damit jedoch überhaupt nicht geklärt sind, reichten im Februar 2008 mehrere Abgeordnete und Nichtregierungsorganisationen eine Petition beim Obersten Gerichtshof der Philippinen ein, um eine einstwillige Verfügung gegen den *Jilin Fuhua*-Deal zu erwirken. Sie verweisen darauf, dass es keine Annullierung, sondern nur eine einseitige Aussetzung gegeben habe, die jederzeit wieder aufgehoben werden könne.[252]

Am Beispiel der chinesisch-philippnischen Verträge wird deutlich, dass die wirtschaftliche Expansion Chinas in enger Kooperation zwischen staatlichen und privaten Akteuren auf zentraler und Provinzebene erfolgen kann. Die chinesische Zentralregierung, die staatliche Entwicklungsbank, das Agrartechnologiezentrum, die Provinzregierung von Jilin und die privaten Unternehmen *Jilin Fuhua* und *SL Agritech* arbeiteten Hand in Hand, um die großflächigen Landgeschäfte auf den Philippinen umzusetzen.

Auch in anderen Ländern Asiens unterstützt China den Aufbau von Hybrid-Technologiezentren, um die Verbreitung dieses Produktionsmodells zu fördern, so in Vietnam, Indonesien und Pakistan. Ebenso will China den afrikanischen Kontinent mit seinen Reissorten beglücken. Gemeinsam mit dem Agrarministerium Guineas bauten chinesische Hybrid-Experten bereits vor einigen Jahren die *Agricultural Cooperation and Development Company* mitsamt einer Demonstrationsfarm auf. Nach Sierra Leone entsandte China ebenfalls seine Experten. Aktuell plant es den Aufbau von Hybrid-Reis-Zentren in Mosambik, Simbabwe und Madagaskar. Damit das Hybrid-Modell aber wirtschaftlich praktiziert werden kann, benötigt es große Flächen und oftmals Bewässerungsinfrastruktur. Es setzt häufig eine Flurbereinigung voraus, die massiv in die Bodenordnung eingreift, schwelende Landkonflikte verstärkt und Agrarreformen unterminiert. Die neue Landnahme ist daher eng mit diesem industriellen Produktionsmodell verknüpft.

Danilo Ramos von der Bauernbewegung KMP warnt die Bauern anderer Länder vor dem Hybridmodell, denn die schlechten Erfahrungen der Philippinen könnten sich auch bei ihnen wiederholen: „Das bedeutet die Vertreibung von eurem Land oder die Gefährdung eurer Gesundheit." Die Hybridsorten „zerstörten die biologische Vielfalt, verursachten Krankheiten und stürzten die Reisbauern in Verschuldung und Armut".[253]

4 Inwertsetzung

„Afrikas schlafenden Giganten wecken", so lautet der Titel eines Masterplans zur kommerziellen Erschließung afrikanischer Böden. Der Gigant, der angeblich schläft, sind die Savannen. Diese wertvollen Gras-, Busch- und Trockenwaldlandschaften bedecken über ein Drittel der Fläche Subsahara-Afrikas. Doch finden sie sich nicht nur in Afrika, sondern auch in Asien, Amerika und Australien. Die Savannen machen den Löwenanteil der behaupteten globalen Bodenreserve aus; sie sind ein zentrales Objekt der Begierde für die heutigen Landjäger. Herausgeberin dieses Masterplans ist die Weltbank, die sich bereits als erfolgreiche Grundstücksmaklerin einen Namen machen konnte (siehe Kapitel 3).

Die afrikanische „Guinea-Savanne" erstreckt sich über 30 Länder und umfasst rund 600 bis 700 Millionen Hektar. In zwei Korridoren durchzieht sie den Kontinent: Der nördliche Korridor reicht von Westafrika bis nach Äthiopien, der südliche von Angola über die Region der Großen Seen bis zur Küste von Tansania und Mosambik. 400 Millionen Hektar der Savanne gelten als geeignet für den Ackerbau. Ihre Böden weisen ein mittleres bis hohes landwirtschaftliches Potenzial auf.

Die Autoren des Masterplans versichern in ihrem Savannen-Report, dass weniger als 6 Prozent dieser Fläche kultiviert werde, in manchen dünn besiedelten Gebieten sogar nur 1 bis 3 Prozent. „Die afrikanische Guinea-Savanne umfasst das wohl größte Gebiet untergenutzten Agrarlandes in der Welt", tönen sie. Dieses könne „für kommerzielle Landwirtschaft zur Produktion von Nahrungsmitteln, nachwachsenden Rohstoffen und Biotreibstoffen, nicht nur für Afrika, sondern auch andere Regionen, genutzt werden".[254]

Wie aber kann der in den Savannen schlummernde Reichtum geborgen werden? Dies war die Frage, die die Autoren umtrieb. Die Antwort fanden sie in Brasilien und Thailand. In beiden Ländern gibt es Savannen mit ähnlich schwierigen Bedingungen wie in Afrika: den Cerrado in Brasilien und die Nordost-Region in Thailand. Beide Regionen verfügen über nur mäßig fruchtbare Böden und sind mit unregelmäßigen Regenfällen, Hitzewellen und Trockenheiten geschlagen. Obgleich diese Savannen lange Zeit als rückständig galten, verzeichneten sie aber über die vergangenen 40 Jahre ein ordentliches wirtschaftliches Wachstum, vor allem getragen durch kommerzielle Exportlandwirtschaft.

„Die Erfahrung des brasilianischen Cerrado liefert ein Beispiel erfolgreicher Agrarproduktion unter schwierigen agrarökologischen Bedingungen, ähnlich denen in Afrika", heißt es in dem Savannen-Report.[255] Das Gleiche gelte für den Nordosten Thailands. Diese „Erfolgsgeschichten" will die Weltbank nun für die Förderung „landwirtschaftlicher Kommerzialisierungsstrategien in Afrika" nutzbar machen.[256] Welche Erfahrungen aber sind in Brasilien und Thailand gemacht worden?

Die Zerstörung des brasilianischen Cerrado

Tatsächlich handelt es sich bei der Kommerzialisierung des brasilianischen Cerrado um eine der größten agroindustriellen Landnahmen nach dem 2. Weltkrieg. Unter der Militärdiktatur begann in den 1970er Jahren der bis heute andauernde Prozess der Erschließung des brasilianischen „Hinterlandes", vor allem des Cerrado und Amazoniens. Die Expansion der Agrarfront vom Süden, dem Zentrum der brasilianischen Landwirtschaft, gen Norden fand vor dem Hintergrund einer starken Verteuerung von Nahrungsmitteln auf dem Weltmarkt statt. Ähnlich der heutigen Situation bangten damals vor allem importabhängige Länder um ihre künftige Lebensmittelversorgung.

Nach Missernten war die Sowjetunion 1972 gezwungen, große Mengen Getreide auf dem Weltmarkt einzukaufen, was über die zwei folgenden Jahre zu einem starken Preisauftrieb führte. Angesichts der sowjetischen Getreidekäufe sprachen westliche Kommentatoren von dem „*Great Grain Robbery*". Hinzu kam ein Einbruch beim Futtermittelangebot, nachdem in Peru die Anschovis-Fänge, die zu Fischmehl weiterverarbeitet wurden, aufgrund des El-Niño-Klimaphänomens schrumpften und die Nachfrage nach Soja als Futtermittelersatz in

85

die Höhe schoss. Eine weitere Verteuerung erfuhr die Agrarproduktion schließlich durch die Ölkrise von 1973: Im Verlauf des Jom-Kippur-Kriegs drosselten OPEC-Mitglieder die Erdölförderung und trieben den Ölpreis nach oben. Als sich in der Folge der Preis für erdölbasierten Stickstoffdünger verdoppelte, schien das gesamte Projekt der energieabhängigen „Grünen Revolution" in der Landwirtschaft gefährdet.

Um die Futtermittelversorgung der USA sicherzustellen, verhängte Präsident Richard Nixon 1973 für einige Tage ein totales Exportverbot auf Ölsaaten. In den Jahren 1974 und 1975 folgten gezielte US-Moratorien von Getreideexporten in die UdSSR, die später durch ein bilaterales Getreideabkommen zwischen beiden Staaten abgelöst wurden. Die Krisenjahre führten besonders dem importabhängigen Japan seine Verwundbarkeit gegenüber Preisschocks und Handelsembargos vor Augen. Um das Nahrungsmittelangebot und die eigenen Importoptionen auszuweiten, förderte die japanische Regierung seither massiv ausländische Agrarprojekte, vor allem die Sojaproduktion im brasilianischen Cerrado.[257]

Der Cerrado umfasst eine Fläche von 204 Millionen Hektar, knapp das Sechsfache der Größe Deutschlands.[258] Er erstreckt sich über ein Dutzend Bundesstaaten vom Südwesten bis in den Nordosten Brasiliens und gilt als die artenreichste Savanne der Welt. Den Startschuss für seine Zerstörung gab die Militärdiktatur 1975 mit dem Projekt POLOCENTRO, das bis zu seinem Ende im Jahr 1982 bereits 2,4 Millionen Hektar Savannen in Äcker verwandelte. Nutznießer waren hauptsächlich erfahrene Großbauern und Agrarkonzerne, vornehmlich aus dem Süden Brasiliens. Während die Regierung ihnen großzügige Kredite für Maschinen und Inputs verschaffte, lieferte das staatliche Agrarforschungszentrum EMBRAPA angepasstes Soja-Saatgut und Düngemittel für die vergleichsweise sauren Cerrado-Böden.

Einen weiteren Schub erfuhr die Transformation der Savannen durch das japanische Engagement. Bei einem Staatsbesuch des damaligen Präsidenten Brasiliens, General Ernesto Geisel, 1974 in Japan einigten sich die Regierungen auf die Grundzüge des bilateralen Programms zur Entwicklung des Cerrado PRODECER (*Programa de Cooperação Nipo-Brasileira para o Desenvolvimento do Cerrado*). Zur Umsetzung des Programms gründeten beide Seiten 1979 das Gemeinschaftsunternehmen CAMPO, an dem staatliches und privates Kapital aus Japan und Brasilien beteiligt wurde, darunter über eine japanische Holding die Konzerne *Mitsui*, *Mitsubishi*, *Marubeni* und *Ajinomoto*. Die Finanzie-

Sojamonokultur im Cerrado

rung für PRODECER, die Agrarforschung des EMBRAPA und die notwendigen Exportkorridore (d.h. der Ausbau von Schienen, Straßen und Flüssen) kam von öffentlichen und privaten Banken sowie von der japanischen Entwicklungsagentur JICA (*Japan International Cooperation Agency*).[259]

In drei Phasen fraß sich das japanisch-brasilianische Programm bis zum Jahr 2003 immer tiefer in den Cerrado hinein.[260] Begann es in der ersten Phase im Zentrum des Landes im Bundesstaat Minas Gerais, weitete es sich in der zweiten Phase nach Goiás, Bahia, Mato Grosso und Mato Grosso do Sul aus, um in der dritten Phase Tocantins und Maranhão zu erreichen. Zahlreiche traditionelle Cerrado-Bewohner, darunter viele Indigene und *Quilombolas*, die Nachfahren entflohener Sklaven, wurden dabei Opfer gewaltsamer Vertreibung. Nach brasilianischem Recht durften sie das öffentliche Land als sogenannte *Posseiros* zwar nutzen, verfügten aber über keine Eigentumstitel, die sie effektiv vor Enteignung oder Vertreibung hätten schützen können.

Dieser unsichere Status, in dem bis heute die meisten Kleinbauern leben, erleichterte das Handwerk für die mit den lokalen Eliten kooperierenden Landräuber, die sogenannten *Grileiros*. Der Soziologe Hanns Wienold bezeichnet sie als professionelle Inwertsetzer: „Ein Grileiro ist jemand, der auf illegale Weise aus einem okkupierten Stück Land eine marktgängige Handelsware macht, der man ihren Ursprung nicht mehr ansieht." Für die Schmutzarbeit setzen die *Grileiros* lokale Vorarbeiter ein, „die Siedler vom Land vertreiben, Kleinproduzenten und ihre Organisationen einschüchtern und evtl. ihre Führer eliminieren". Anschließend bestechen sie Mitarbeiter der lokalen Katasterämter, um Eigentumstitel über das geraubte Laub eintragen zu lassen.[261]

Aufgrund des Ausbaus der Exportkorridore, der fortschreitenden Mechanisierung und der Züchtung von Hochleistungssorten entwickelte das PRODECER-Programm in der Folge eine enorme Breitenwirkung. So stieg der Anteil des Cerrado an der brasilianischen Landwirtschaft seit den 1970er Jahren explosionsartig an. Dies gilt vor allem für die Sojabohne, das wichtigste brasilianische Agrarprodukt. Produzierte der Cerrado 1970 noch bescheidene 20.000 Tonnen Soja, was damals 1,4 Prozent der gesamten brasilianischen Sojaernte entsprach, stieg diese Menge bis 2003 auf rund 29 Millionen Tonnen – ein Anteil von 58 Prozent an der brasilianischen Produktion.[262] Von den 23 Millionen Hektar, die heute die Sojafelder in Brasilien belegen (das entspricht zwei Drittel des deutschen Staatsgebiets), finden sich rund 13 Millionen im Cerrado.[263]

Der Großteil des brasilianischen Sojaanbaus erfolgt heute nach dem Produktionsmodell der „pfluglosen Bodenbearbeitung", auch Direktaussaat genannt. Bei dieser Anbauweise verbleiben Erntereste auf dem Feld, werden nicht untergepflügt und bilden eine Mulchschicht. Auch vor der Aussaat wird weitgehend auf das Pflügen verzichtet. Stattdessen erzeugen spezielle Saatmaschinen Furchen oder kleine Löcher, in die das Saatgut gemeinsam mit dem Dünger eingelassen wird. Durch den geringeren Aufwand bei der Bodenbearbeitung sparen die Bauern zwar Arbeits- und Treibstoffkosten, weil sich in der Mulchschicht aber derart viele Insekten und Beikräuter vermehren, müssen sie enorme Pestizid-Mengen ausbringen – ein großer Gewinn für die Agrarchemie und ein noch größerer Verlust für die Umwelt. Seit Ende der 70er Jahre gingen immer mehr Bauern zur Direktaussaat über, dies zunächst im Süden Brasiliens, später auch im Rest des Landes. Die größten Wachstumsraten verzeichnet diese umweltschädliche Praxis heute im Cerrado.

Das PRODECER-Programm war aktiv an der Verbreitung des „pfluglosen" Ackerbaus in den Savannen beteiligt. Der Umweltökonom Shigeo Shiki berichtet, dass in einem der ersten PRODECER-Projekte in der Ansiedlung Iraí de Minas „auf fast 100 Prozent des Gebiets" die Direktaussaat praktiziert wurde.[264] Die mit Abstand wichtigste Sorte, die heute in Brasilien „pfluglos" angebaut wird, ist die genmanipulierte *Roundup Ready*-Soja von *Monsanto*. Sie ist resistent gegen das ebenfalls von *Monsanto* produzierte Breitband-Herbizid *Roundup* mit dem Wirkstoff Glyphosat. Das Hauptgeschäft für *Monsanto* besteht dabei nicht im Saatgut, sondern im Absatz seines überaus giftigen Herbizids.

Auch andere Agrargüter aus den Savannen erreichen einen hohen Anteil an der brasilianischen Landwirtschaft, etwa die Baumwolle. Zwischen 1980 und 2000 erhöhte der Cerrado seinen Anteil an der nationalen Baumwollproduktion von 8 auf 74 Prozent. Besonders große Flächen schließlich schlucken die stark expandierenden Rinderfarmen. Bereits Mitte der 1990er Jahre machten die Cerrado-Herden über die Hälfte des gesamten brasilianischen Rinderbestands aus, mit weiter steigender Tendenz. Zwischen 1975 und 2003 wuchsen die Rinderherden im Cerrado alljährlich um 3,2 Prozent, im Rest des Landes um 1,8 Prozent. Brasilien ist heute der größte Rindfleischexporteur der Welt, der überwiegende Teil des Fleisches stammt aus der Savanne.[265] Es wird geschätzt, dass 60 Prozent ihrer Fläche – rund 125 Millionen Hektar – der Viehwirtschaft dient.[266]

Einen großen Teil der Savannen roden die Rinderfarmer, um sie anschließend in hochproduktive kultivierte Weiden zu verwandeln. Dafür entwickelte das staatliche Forschungsinstitut EMBRAPA mehrere Sorten der Brachiari – ein Futtergras, das besonders gut für die sauren, nährstoffärmeren Cerrado-Böden geeignet ist. Neun kommerzielle Sorten werden derzeit von Brasiliens Rinderfarmen ausgesät. Um hohes Wachstum sicherzustellen, bedürfen die Brachiari-Weiden zusätzlich intensiver Düngung. Ergänzend zum Saatgut entwickelte EMBRAPA daher angepasste Kunstdünger-Mischungen mit hohem Salzgehalt, die die Viehhalter in der Trockenperiode auf den Brachiari-Weiden ausbringen.[267]

Diese gigantische agroindustrielle Landnahme schlägt sich in einem großen Verlust an Savannen und unermeßlichen ökologischen Schäden nieder (Schaubilder 4a und 4b, S.90). Manche Studien schätzen, dass bereits 40 Prozent der ursprünglichen Cerrado-Vegetation verloren gingen,[268] andere gehen sogar von 55 Prozent aus.[269] Die Naturschutzorganisation *Conservation International* rechnete beispielhaft vor, wie lange der Cerrado bei anhaltender Rodung noch existieren würde. Bliebe es bei der durchschnittlichen Abholzungsrate der Jahre 1985 bis 2002 (ein jährlicher Verlust von 1,1 Prozent bzw. 2,2 Millionen Hektar), würde der Cerrado bis zum Jahr 2030 fast komplett verschwinden. Die Savannen wären nur noch in Schutzgebieten und Indigenen-Reservaten zu besichtigen, das heißt auf maximal 4,5 Prozent ihrer ursprünglichen Fläche.[270]

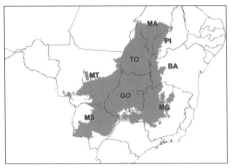

Schaubild 4a
Ursprüngliche Verbreitung der Vegetation des Cerrado
(Quelle: Conservation International)

Daneben geht die Landnahme im Cerrado mit erheblichen Umweltbelastungen einher, die jedoch kaum systematisch erfasst werden. Bei der Direktaussaat von Soja oder Mais führt der Verzicht auf das Umpflügen zu einer Verdichtung des Bodens und einer verminderten Fähigkeit zur Nährstoffbindung. Die schwindende Bodenfruchtbarkeit wiederum erfordert einen steigenden Kunstdüngereinsatz, der den Nährstoffverlust jedoch nicht kompensieren kann. Der hohe Herbizideinsatz hat längst zur Verbreitung resistenter Beikräuter geführt, die die Verspritzung immer größerer Gift-Mengen nach sich ziehen. Die Pestizide – etwa *Monsantos* Glyphosat, *Syngentas* Paraquat (beides Herbizide) oder *Bayers* Tamaron (ein Insektizid) – vergiften Böden, Grundwasser und Flüsse, mit der regelmäßigen Folge von Fischsterben.

Die Wasservergiftung ist besonders problematisch, da wichtige Flussgebiete im Cerrado ihre Quellen oder Zuflüsse haben, so der Amazonas, Paraná, Araguaia, Tocantins und São Francisco. Auch nimmt die Konkurrenz um die Süßwasservorkommen zu, da sich hier rund 40 Prozent der brasilianischen Bewässerungsflächen finden. Die chemi-

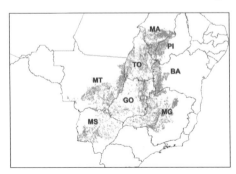

Schaubild 4b
Verbliebene Vegetation des Cerrado in 2002

sierte Intensivlandwirtschaft schlägt sich zwangsläufig in einer starken Degradierung der Böden nieder. Nach einer Studie des brasilianischen Umweltministeriums „verursachte die Landnutzung im Cerrado – hauptsächlich mit Sojabohnen – einen Bodenverlust von 20 Tonnen pro Hektar im Jahr, das heißt jährlich eine Milliarde Tonnen." Das UN-Entwicklungsprogramm UNDP illustrierte die Relation zwischen Erträgen und Bodenverlusten. Danach gehen für die Produktion eines Kilos Sojabohnen 10 Kilo Erde verloren. Jedes Kilo Baumwolle bedeute einen Verlust von 12 Kilo Erde.[271]

Das Cerrado-Modell schließlich steht für eine enorme Bodenkonzentration mit minimaler Beschäftigung. Die durchschnittliche Betriebsgröße in den Savannen liegt bei 4.600 Hektar.[272] Manche Plantagen erreichen sogar eine Größe von bis zu 50.000 Hektar. Die großen Flächen und das vergleichsweise geringe Gefälle der Felder erlauben einen kosteneffizienten Maschineneinsatz und entsprechende Rationalisierung. Es wird geschätzt, dass die großen Plantagen pro 1.000 Hektar nur 10 Arbeitskräfte beschäftigen – vier von ihnen fest angestellt, sechs temporär beschäftigt. Vor allem die Soja-Monokultur bietet nur wenige Arbeitsplätze: Obgleich sie rund 44 Prozent der brasilianischen Ackerflächen belegt, entfielen auf sie im Jahr 2005 nur 5,5 Prozent der Beschäftigten des Landwirtschaftssektors.[273]

Nachdem über mehrere Jahrzehnte systematisch die Voraussetzungen für die Inwertsetzung des Cerrado geschaffen wurden, kann nicht verwundern, dass sich diese Region heute unter den besonders attraktiven Zielgebieten der neuen Landnahme wiederfindet. So meint die brasilianische Regierung, noch immer stünden 70 Millionen Hektar des Buschlandes für künftige Agrarinvestitionen zur Verfügung.[274]

Zahlreiche neue Firmen schießen aus dem Boden. Versehen mit einem Polster internationaler Anlagegelder erwerben sie Cerrado-Flächen und verwandeln sie in hochproduktive Äcker. Die erst 2008 gegründete britische Fondsgesellschaft *Agrifirma Brazil* etwa, registriert in der Steueroase Jersey, besitzt bereits knapp 70.000 Hektar, um unter anderem Mais und Soja in Direktaussaat anzubauen. Zu ihren Vorstandsmitgliedern zählt der ehemalige brasilianische Landwirtschaftsminister unter der Regierung Lula, Roberto Rodrigues. Einer der Berater ist der Guru der Rohstoffspekulanten, Jim Rogers.[275]

Der deutsche Vermögensverwalter *Aquila Capital* kanalisiert die Gelder betuchter Anleger in die 2007 in Brasilien gegründete *Proterra Agropecuária S.A.*, die in den Cerrados von Mato Grosso do Sul,

Minas Gerais und Bahia auf Landkauf geht, um Zuckerrohrplantagen anzulegen. In diesen Gebieten seien die Bodenpreise um 70 Prozent niedriger als in den etablierten Zuckerrohrregionen Paraná und São Paulo, heißt es in *Aquilas* Beteiligungsprospekt. Ziel sei der Erwerb von bis zu 250.000 Hektar. Langfristige Verträge mit Ethanolfabriken sollen die Abnahme des Zuckerrohrs garantieren, weswegen *Aquila Capital* mit einer „hohen und sofortigen Wertsteigerung des Landes" rechnet.[276]

Japanische Konzerne, die wie *Mitsui*, *Marubeni* oder *Mitsubishi* bereits am PRODECER-Programm beteiligt waren, erhöhen heute massiv ihre Agrarinvestitionen in Brasilien, vor allem im Cerrado. Über die Beteiligung an der brasilianischen *Multigrain* erwarb der Handelskonzern *Mitsui* 100.000 Hektar in den Bundesstaaten Minas Gerais, Maranhão und Bahia. Auf diesen Flächen lässt der Konzern Soja, Mais, Baumwolle und Zuckerrohr produzieren.[277] Im Mai 2009 verkündete *Marubeni* ein umfassendes Kooperationsabkommen mit dem brasilianischen Agrarkonzern *Amaggi*. Dieser gehört zum Firmen-Imperium des Gouverneurs von Mato Grosso, Blairo Maggi. Neben der Verarbeitung und dem Handel ist *Amaggi* auf 215.000 Hektar auch selbst in der Produktion von Getreide und Ölsaaten aktiv. Euphorisch preist *Marubeni* das brasilianische Potenzial: „100 Millionen Hektar Agrarland warten darauf, kultiviert zu werden."[278]

Thailand: Der rettende Hafen der Subsistenz

Die thailändische Nordost-Region, das zweite „Erfolgsmodell" der Weltbank für kommerzielle Savannen-Landwirtschaft, blieb bis heute das Armenhaus des Landes. Zwei Drittel der Armen Thailands leben in diesem halbtrockenen Busch- und Waldland, anders als im brasilianischen Cerrado aber dominieren hier kleinbäuerliche Strukturen. Doch war die Kommerzialisierung gar nicht der durchschlagende Erfolg, den die Weltbank zu erblicken meint.

Die bedeutsamste *Cash Crop* des thailändischen Nordostens, deren Anbau die Regierung mit Subventionen, Krediten und Agrarberatung fördert, ist der Maniok. Er wird als Futtermittel nachgefragt und geht zu 80 Prozent in den Export. Weitere *Cash Crops*, jedoch mit geringerer Verbreitung, sind Zuckerrohr, Mais und Erdnüsse. Doch vermochten die Marktfrüchte, die dominante Subsistenzlandwirtschaft überhaupt nicht zu ersetzen: Nur ein Viertel der Haushalte im Nordosten (870.000 von 3,3 Millionen) spezialisierte sich auf *Cash Crops* jenseits von Reis.[279]

Durchschnittlich bewirtschaften die Haushalte im Nordosten Thailands 2,4 Hektar Land, wobei Reis über die vergangenen Jahrzehnte seine Spitzenstellung unter den Ackerkulturen verteidigte: Auf 5,6 Millionen Hektar wird Reis angebaut, nur auf 2,5 Millionen Hektar *Cash Crops*. Weil es wenige Bewässerungsflächen gibt, kann die Masse der Haushalte meist nur eine Reisernte pro Jahr einfahren. Die Hälfte der Ernte verwenden die Bauern noch immer für den Eigenverbrauch, der Rest geht über Händler hauptsächlich auf lokale oder regionale Märkte.

In einer Studie für die Weltbank räumen Wissenschaftler der Universität Chiang Mai die unverändert hohe Bedeutung der Subsistenzlandwirtschaft ein: „Die ausreichende Reisproduktion für den Haushaltsverbrauch ist ein hauptsächlicher Faktor der Ernährungssicherheit im Nordosten."[280] Das dominante Anbausystem sei noch immer traditionell: Die Bauern verwenden wenige externe Inputs und nutzen lokale Reissorten, „aufgrund ihrer großen ökologischen Flexibilität". Anders als Hybride vertragen die Landsorten das erratische Wasserangebot des Nordostens und seine langen Trockenperioden.

Mehr noch: Aufgrund der demographischen Entwicklung und der mangelnden Beschäftigungsmöglichkeiten wächst die Zahl der Menschen, die von der Subsistenzlandwirtschaft als Basis ihrer Reproduktion abhängen, dies jedoch – wie in vielen Ländern – unter immer schwierigeren Bedingungen. Zwischen 1975 und 2001 stieg im Nordosten die Zahl der bäuerlichen Haushalte von 1,68 Millionen auf 2,62 Millionen. Obgleich sich die landwirtschaftliche Nutzfläche durch massive Abholzung insgesamt vergrößerte, schrumpfte die pro Haushalt verfügbare Fläche im gleichen Zeitraum von 4,5 auf 3,5 Hektar und beträgt heute durchschnittlich nur noch 2,4 Hektar.[281] So kann es kaum überraschen, dass die Landknappheit heute als der wichtigste Indikator der Armut im thailändischen Nordosten gilt.

Zwar dämpfen Jobs ausserhalb der Landwirtschaft und die Arbeitsmigration den Druck auf das Land, sie vermögen ihn aber nicht zu stoppen. Obwohl sich ein beträchtlicher Teil der Bevölkerung des Nordostens saisonal oder dauerhaft dem arbeitsmigrantischen Heer anschließt, stieg in jüngster Zeit wieder die Zahl der Familienmitglieder, die pro Haushalt in der Landwirtschaft mitarbeiten. In einer vergleichenden Studie zeigen die Ökonomen Ahmad und Isvilanonda, dass

Maniok-Ernte in Thailand

sich in der nordöstlichen Provinz Khon Kaen die Zahl der auf der eigenen Parzelle arbeitenden Familienmitglieder zwischen 1995 und 2002 von durchschnittlich 3,35 auf 3,82 pro Haushalt vergrößerte. „Der Grund hinter dem Anstieg", vermuten die Forscher, „mag die Finanzkrise gewesen sein, die die städtische Bevölkerung hart traf und sie in die ländlichen Gebiete trieb".[282]

Im Verlauf der Asienkrise 1997/98 verloren zahlreiche Menschen in Thailand und anderen südostasiatischen Ländern ihre Jobs und fanden teils wieder ein Auskommen in der familiären Landwirtschaft, wenn auch häufig nur befristet. Durch die Aufnahme von Rückkehrern vermindert sich jedoch tendenziell das Pro-Kopf-Einkommen der ländlichen Haushalte, vor allem wenn die von ihnen bewirtschaftete Fläche im Durchschnitt auch noch schrumpft statt zu wachsen. Aufgrund der Prekarität bleiben viele Rückkehrer auch nicht dauerhaft auf dem Land, sondern suchen sich erneut Beschäftigung in den Städten. Frauen kehren dabei deutlich seltener auf das Land zurück als Männer.[283]

In Thailand zeigt sich, wie in vielen anderen Schwellenländern, ein strukturelles Problem, das durch Kommerzialisierung der Landwirtschaft per se nicht lösbar ist. Die Industrie entwickelt sich zwar, schafft aber keine hinreichenden Beschäftigungsmöglichkeiten. Während der Anteil der Landwirtschaft an der nationalen Wertschöpfung im Vergleich zur Industrie massiv schrumpft, verharrt ihr Anteil an der Beschäftigung auf hohem Niveau. Zwar steigen mit der Industrialisierung die gesamtgesellschaftlich verfügbaren Einkommen, doch in der Landwirtschaft bleiben sie wegen der vielen Arbeitskräfte im Verhältnis zum schrumpfenden Wertschöpfungsanteil immer mehr zurück. Da die Kaufkraft auf dem Land nicht mit der allgemeinen Kaufkraftentwicklung Schritt hält, nimmt das Stadt-Land-Gefälle kontinuierlich zu.

Ahmad und Isvilanonda konstatieren: „Fast alle reisproduzierenden Ökonomien in Asien haben diese Erfahrung in unterschiedlichem Maße gemacht; dies hauptsächlich wegen der Unfähigkeit des Industriesektors, rasch ländliche Arbeitskräfte zu absorbieren."[284] Nach ihren Angaben schrumpfte in Thailand der Anteil der Landwirtschaft am Bruttonationalprodukt von 44 Prozent in den 1960er Jahren auf gegenwärtig nur noch 10 Prozent. Ihr Anteil an der Gesamtbeschäftigung aber verringerte sich im gleichen Zeitraum von 83 Prozent auf immer noch rund 50 Prozent. Genau aus diesem Grunde bleibe die ländliche Armut trotz der industriellen Entwicklung im Nordosten Thailands ein ernstes Problem: „Wegen der Unfähigkeit des städtischen Sektors, ländliche Arbeitskräfte zu beschäftigen, hat das Stadt-Land-Gefälle seit der Finanzkrise sogar noch zugenommen", bilanzieren die beiden Wissenschaftler.[285]

Der Einstieg einzelner Bauern in die *Cash Crop*-Produktion hat diesen allgemeinen Trend ungleicher Entwicklung bestenfalls dämpfen, nicht aber verhindern können. Selbst in einem „aufstrebenden" Schwellenland wie Thailand mit seinem höheren Industrialisierungsgrad bleibt die Subsistenzlandwirtschaft bis auf Weiteres eine unverzichtbare Basis der Reproduktion für den Großteil der ländlichen Armen. Weder Industriebetriebe noch die kommerzielle Landwirtschaft schufen hinreichende Einkommensmöglichkeiten, um den allgemeinen Arbeitsplatzmangel ausgleichen zu können. Genau hierin liegt die unverändert hohe Bedeutung der Verfügung über Land. Würden die kleinbäuerlichen Parzellen durch beschleunigte Kommerzialisierung wegfallen, stünden noch mehr Menschen ohne irgendeine Reproduktionsalternative da. Die Landnahme ist existenzbedrohend.

Neoliberale Landreformen

Die Erfahrungen aus Brasilien und Thailand machen eines sehr deutlich: Die kommerzielle Inwertsetzung ihrer Savannen lässt sich nicht ernstlich als „Erfolgsmodell" verkaufen. Sie als Blaupause zu nutzen, hieße, die sozialen und ökologischen Folgen vollständig auszublenden. Während die Kommerzialisierung im brasilianischen Cerrado ein überaus destruktiver und die soziale Spaltung vertiefender Prozess war, blieb sie in Thailands Nordosten ein Minderheitenprojekt, das an der Masse der Armen vorbeiging: Es verringerte weder das Einkommensgefälle gegenüber dem Rest das Landes noch die Dominanz der Subsistenzlandwirtschaft. Ganz anders sieht das die Weltbank. Für Afrika lasse sich aus beiden Kommerzialisierungserfahrungen die Lehre ziehen, „dass landwirtschaftliche Revolutionen in den Guinea-Savannen entweder durch Kleinbauern oder durch große kommerzielle Farmen angetrieben werden können".[286] Zwar sei das kleinbäuerliche Modell Thailands „generell kompatibler mit den Arbeitsplatzzielen vieler afrikanischer Staaten"[287], doch möchte sie Großplantagen nach brasilianischem Muster nicht ausschließen. In drei Fällen seien diese auch in Afrika vorzuziehen:

1. Bei typischen „Plantagenkulturen" wie Zuckerrohr, Ölpalmen, Tee, Bananen und Gemüse, die nach der Ernte rasch verarbeitet oder kühl gelagert werden müssen;

2. bei allen Exportgütern, die strengen Qualitätsanforderungen genügen müssen, die auch beim Anbau überprüfbar sind; und

3. wenn fruchtbare Gebiete mit niedriger Bevölkerungsdichte und Arbeitskraftmangel erschlossen werden sollen. Dies treffe auf große Teile der afrikanischen Savannen zu; hier seien mechanisierte Großbetriebe erforderlich.

Dennoch gibt es bei allen drei Fällen einen Knackpunkt: der Zugang zu den großen Landmassen. „Weil es praktisch kein Gebiet gibt, das nicht von einzelnen Personen oder Gruppen beansprucht wird oder das gänzlich ungenutzt ist, werden Probleme des Landbesitzes häufig enorme Herausforderungen darstellen", sorgen sich die Autoren des Savannen-Reports.[288] Um dennoch die weltmarktorientierte Transformation vorantreiben zu können, müssten zwei Probleme gleichzeitig gelöst werden: Erstens bedürfe es der Sicherung traditioneller Landrechte der ansässigen Bevölkerung, „damit lokale Bauern effektiv am Kommerzialisierungsprozess teilnehmen können". Zweitens müssten aber auch „in- und ausländische Investoren" Zugang zu Land erhalten, „das von einer einheimischen Gruppe beansprucht oder genutzt wird".[289]

Die Lösung für beide Probleme sieht die Weltbank in marktgestützten Reformen der Landpolitik und in der Einbindung von Kleinbauern in den Vertragsanbau für das Agrobusiness. In deutlicher Abkehr zu früheren Positionen anerkennt sie heute die Gewohnheitsrechte informeller Landnutzer, betrachtet deren Schutz jedoch als Einstieg in die Weltmarktproduktion. Um das Potenzial der afrikanischen Guinea-Savannen zu erschließen, bedürfe es „sicherer und übertragbarer Landrechte". Kleinbauern, Frauen, Indigene oder Hirten sollen also durchaus Landtitel erhalten, solange deren „Übertragbarkeit" durch Verkauf oder Verpachtung gewährleistet ist.

Die Landtitel betrachten die Marktliberalen als Hebel der Kommerzialisierung, als Einstieg in den Ausstieg all der „unproduktiven" Kleinbauern. Durch deren Vergabe nämlich werde es „unternehmerischen Bauern" erleichtert, „ungenutztes Land in Regionen mit niedriger Bevölkerungsdichte zu erwerben, was es erlaubt, dass das Land über die Zeit zu jenen wechselt, die es am produktivsten nutzen können".[290] Die Erwartung ist folglich, dass die Titelvergabe zu einer ökonomisch optimalen Form der Bodenkonzentration führt. Der Markt wird die „produktivsten" Bauern selektieren, zu denen dann auch das Land hinüberwechselt.

Beschleunigen lässt sich dieser Prozess durch flexible Landmärkte, die zu niedrigen „Transaktionskosten" Kauf und Pacht von Boden ermöglichen. Im *World Development Report 2008*, der die konzeptionelle Grundlage für die modernisierte Inwertsetzungsstrategie der Weltbank liefert, heißt es dezidiert, dass „Landmärkte (...) den Ausstieg aus der Landwirtschaft befördern". Sie seien notwendig, „um die Migration raus aus der Landwirtschaft zu erleichtern".[291] Voraussetzung der flexiblen Bodentransfers aber sind sichere Landtitel, denn „unsichere Besitzverhältnisse können die Reallokation von Boden durch Kauf- oder Pachtmärkte verhindern".[292]

Das bevorzugte Modell solcher marktgestützten Landreformen ist das des *Willing Seller-Willing Buyer*. Nur Großgrundbesitzer, die bereit sind, einen Teil ihres Landes zu verkaufen, nehmen an einer solchen Bodenreform teil und sie erhalten den vollen Marktpreis für das angebotene Land. Kleinbauern oder Landlose, denen die Mittel für den Kauf fehlen, erhalten dafür einen Zuschuss oder einen günstigen Kredit. Damit wettbewerbsfähige Familienbetriebe entstehen, werden die potenziellen Käufer in einem Selektionsprozess ermittelt.

Wirtschaftsliberale behaupten, die marktgestützte Bodenverteilung könne rascher erfolgen als bei den früheren vom Staat durchgeführten

Landreformen, weil langwierige Konflikte mit Großgrundbesitzern über Enteignungen oder die Höhe von Entschädigungszahlungen entfallen. Auch die Ineffizienzen staatlicher Bodenreformen ließen sich so vermeiden. Wenn staatliche Behörden Land enteignen und verteilen, so das Argument der Marktbefürworter, bestehe die Gefahr, dass produktive Großfarmen zerschlagen und unproduktive Kleinbetriebe entstehen. Beamte könnten das akquirierte Land Günstlingen der jeweiligen Regierung zuteilen, die es weder benötigen noch bewirtschaften.

Die Erfahrungen mit dem *Willing Seller-Willing Buyer*-Prinzip sind jedoch überaus ernüchternd. Die Agrarforscher Edward Lahiff, June Borras und Cristóbal Kay verglichen diesen marktgestützten Ansatz mit den traditionellen Agrarreformen. Dabei zeigte sich, dass „die Flächen an Land, die übertragen wurden, extrem gering waren im Vergleich zu den Programmzielen und zu alternativen Ansätzen".[293] Auf den Philippinen konnte ein lehrbuchartiges Marktexperiment lediglich 1.000 Hektar in vier Jahren umverteilen. Das staatliche Agrarreformprogramm indes verteilte sieben Millionen Hektar. In Brasilien wurden mit den traditionellen Ansätzen, die Enteignungen unproduktiven Landes einschließen, zehnmal mehr Menschen neu angesiedelt als in den diversen marktorientierten Experimenten.

In Südafrika verfehlte die Regierung ihr selbstgestecktes Ziel, nach dem *Willing Seller-Willing Buyer*-Modell in 5 Jahren 30 Prozent des Ackerlands umzuverteilen. Stattdessen schaffte sie nach 10 Jahren Reform lediglich 4 Prozent. Trotz seiner Erfolglosigkeit stellt dieses Prinzip bis heute den Eckpfeiler der südafrikanischen Agrarreform dar. „Sein Überleben kann kaum auf den Erfolg bei der Übertragung von Land zurückgeführt werden", bemerkte Edward Lahiff von der *University of the Western Cape*.[294]

Die Aussicht, einen guten Preis zu erhalten, brachte kaum mehr neues Land auf den Markt, und wenn, dann war es häufig nur von minderer Qualität. Es war auch keineswegs günstiger zu haben. Im Gegenteil: Die in den Marktexperimenten gezahlten Bodenpreise lagen häufig weit oberhalb der vergleichbaren Marktpreise, in manchen Fällen betrugen sie das Doppelte. Die verzerrten Bodenpreise sprengten oftmals die veranschlagten Projektkosten und minderten die Menge des Landes, das per Kredit gekauft werden konnte. Auf den Philippinen kostete der Eigentumstransfer im Rahmen des Marktmodells pro Hektar sechsmal mehr als beim staatlichen Landreformprogramm CARP (*Comprehensive Agrarian Reform Program*).

In vielen Fällen sind die Verfahren der marktgestützten Landübertragung auch nicht schneller als die staatlichen Reformen, denn sie erfordern ebenfalls bürokratische Verfahren: Potenzielle Kreditnehmer werden selektiert, dürfen dann Anträge stellen und müssen mit Banken, Beamten, Großgrundbesitzern und Grundstücksmaklern verhandeln. Mehrere Jahre können vergehen, bis Bauern nach diesen Modellen an ein Stück Land kommen, so die Erfahrung in Guatemala oder Südafrika. Wo die marktbasierten Eigentumsübertragungen schneller erfolgten, etwa in Ägypten, waren die Nutznießer oftmals gar nicht landarme Bauern, sondern die alten Eliten der Großgrundbesitzer.

Die Selektion der Begünstigten ist denn auch die Achillesferse des *Willing Seller-Willing Buyer*-Modells. Überproportional profitierten besser ausgestattete Großbauern, Handwerker oder Städter, während Landlose und landarme Bauern marginalisiert blieben. Von Frauen geführte Haushalte kamen in den Marktmodellen besonders selten an Land. In Guatemala zum Beispiel fanden sich unter den Begünstigten nur ein Prozent Frauen. In Brasilien oder Südafrika war es zudem das dezidierte Ziel, kommerziell orientierte „aufstrebende Landwirte" und nicht die besonders benachteiligten Armen und Landlosen zu fördern. In Kolumbien missbrauchten die Eliten ihr Marktprojekt so sehr für ihre eigene Bereicherung, dass die Weltbank 2003 gezwungen war, es aufzugeben.[295]

Wie dürftig die Ergebnisse neoliberaler Landreformen ausfallen, lässt sich am Beispiel Namibias studieren, wo die deutsche Entwicklungshilfe im Interesse deutschstämmiger Großgrundbesitzer das völlig unzureichende *Willing Seller-Willing Buyer*-Modell propagiert.

Namibia: Keine Befreiung von den Landlords

Viele Namibier sind enttäuscht. Die Hoffnungen der großen Masse landhungriger Armer auf ihre eigene Parzelle blieben auch nach der Unabhängigkeit Namibias unerfüllt. Die marktgestützte Landreform vermochte es bisher nicht, die erhebliche Bodenkonzentration in ausreichendem Maße zu korrigieren. Die ehemalige deutsche Kolonie „Deutsch-Südwestafrika" (1884-1915) geriet seit Ende des ersten Weltkriegs unter Verwaltung Südafrikas und erlangte erst mit der Ablösung des Apartheidregimes die Unabhängigkeit. Nachdem die Befreiungsbewegung SWAPO (*South-West Africa People's Organisation*) die ersten Wahlen nach der Unabhängigkeit gewann und Sam Nujoma 1990 das Präsidentenamt übernahm, führte sie eine marktgestützte Landreform nach dem *Willing Seller-Willing Buyer*-Prinzip durch. Diese hatte sie auf ihrer nationalen Landkonferenz im Jahr 1991 beschlossen.[296] Die neue Regierung erbte eine extreme Ungleichverteilung des Landes: Die kommerziellen Farmen, meist Viehbetriebe, von 4.200 mehrheitlich weißen Großgrundbesitzern, darunter 2.500 Deutschstämmige und Deutsche, umfassten 36 Millionen Hektar hauptsächlich im Zentrum und im Süden Namibias. Dies entsprach 44 Prozent des Landes. In den Reservaten im Norden Namibias, die nach der Unabhängigkeit *Communal Areas* genannt wurden, lebten eine Million Menschen auf 33 Millionen Hektar (41 Prozent des Landes). Manche Teile der *Communal Areas* befinden sich jedoch in Halbwüsten und sind wegen mangelnder Wasservorkommen landwirtschaftlich kaum nutzbar. Werden diese agrarökologischen Faktoren berücksichtigt, gehörten den kommerziellen Farmen sogar 57 Prozent der landwirtschaftlichen Nutzfläche.[297]

Die seit der Unabhängigkeit unternommene Landreform zeichnet sich durch eine Zweiteilung aus. Das *Resettlement Programme* dient der Ansiedlung Armer, Vertriebener, Landloser und von Kriegsveteranen auf kommerziellen Agrarflächen, der *Affirmative Action Loan Scheme* dagegen unterstützt wettbewerbsfähige schwarze Farmer, die bereits mittelgroße Agrarbetriebe führen, mit subventionierten Krediten und Bürgschaften beim Erwerb kommerzieller Farmen.

243.000 arme und landlose Namibier müssen nach Schätzungen der Regierung neu angesiedelt werden.[298] Doch konnten bis zum Jahr 2005, nach 15 Jahren Unabhängigkeit, im Rahmen des *Resettlement Programme* nur 990.000 Hektar an rund 1.500 Familien verteilt werden. Die Regierung erwarb in dieser Zeit lediglich 163 der 6.300 existierenden kommerziellen Farmen von den Großgrundbesitzern. Die Umsiedlungsfarmen werden nach dem Kauf in kleinere Parzellen aufgeteilt und Familien auf Basis eines 99-jährigen Pachtvertrags überlassen. Größer hingegen fielen die Landkäufe der aufstrebenden schwarzen Mittelschicht nach dem *Affirmative Action Loan Scheme* aus. Dank der staatlichen Unterstützung erwarben sie 625 Farmen mit einer Fläche von rund 3,4 Millionen Hektar.[299]

Insgesamt wurden durch beide Programme bis zum Jahr 2006 aber bestenfalls 16 Prozent der in Privatbesitz befindlichen Flächen umverteilt oder an Schwarze verkauft. Der Löwenanteil gehört noch immer der weißen Minderheit.[300] Nach dem *Willing Seller-Willing Buyer*-Prinzip wird jede Farm, die auf den Markt kommt, zunächst der Regierung angeboten. Ist sie – wie in der Mehrheit der Fälle – nicht am Kauf interessiert, erteilt sie einen sogenannten *Waiver* und die Farm kann auf dem freien Markt verkauft werden. Will die Regierung die Farm kaufen und bietet einen Preis, mit dem die Verkäufer nicht einverstanden sind, können diese ein Landtribunal anrufen. Die Zahlungen der Regierung fielen jedoch über das erste Jahrzehnt der Landreform stets zur Zufriedenheit der Verkäufer aus. Bis 2005 riefen sie das Landtribunal nicht ein einziges Mal an. Viele der freiwillig angebotenen Farmen sind jedoch nur von minderer Qualität, vor allem fehlen häufig ausreichende Wasserquellen – ein schwerwiegender Mangel im semi-ariden Klima Namibias.

Die Regierung zeigte nur wenig Interesse, mehr Farmen anzukaufen oder von der in der Verfassung vorgesehenen Möglichkeit der Zwangsenteignung Gebrauch zu machen. Hierfür gibt es verschiedene Gründe. So stiegen die Bodenpreise aufgrund höherer Nachfrage – u.a. wegen der boomenden privaten Jagdgründe und der Spekulation – seit der Unabhängigkeit deutlich an. Kostete 1990 ein Hektar noch 900 Namibia-Dollar, mussten im Jahr 2002 11.000 Namibia-Dollar hingeblättert werden.[301]

Die Subventionen des *Affirmative Action Loan Scheme* treiben die Bodenpreise ebenfalls in die Höhe, weil dadurch die Nachfrage abermals steigt. Auch zeigte sich, dass den Begünstigten dieses Programms höhere Kaufpreise abverlangt werden als unsubventionierten Käufern. Manche weißen Farmer pachten die von Schwarzen erworbenen kommerziellen Farmen auch wieder zurück, und dies dank der über 10 Jahre gewährten staatlichen Subventionen zu einem sehr günstigen Zins. Die marktbasierte Landreform verzerrt daher selbst die Bodenpreise – zu Lasten all jener, die das Land am dringendsten brauchen. Da die Regierung die hohen Marktpreise für die freiwillig angebotenen Farmen zahlt, sinkt ihr Anreiz zum Landkauf.[302]

Die SWAPO-Regierung hat selbst kein Interesse, die seit der Unabhängigkeit bereits deutlich geschrumpfte Produktion der kommerziellen Farmen zu gefährden – schließlich generieren sie Staatseinnahmen. So fördert der *Affirmative Action Loan Scheme* auch deswegen den Erwerb großer funktionierender Farmen, weil die Entstehung unwirtschaftlicher Kleinbetriebe vermieden werden soll. Die namibischen Viehfarmen sind sehr flächenintensiv. Es wird geschätzt, dass pro Rind durchschnittlich 13 bis 15 Hektar erforderlich sind. Die Regierung meint,

Arbeiter auf Viehfarm in Namibia

eine wirtschaftliche Farm müsse mindestens über 6.000 Hektar Land verfügen – eine Zahl, die allerdings von Experten bestritten wird.[303] Aufgrund der überhöhten Kaufpreise sind die Aussichten für manche der Neubesitzer nicht rosig. Ein großer Teil der Kreditnehmer des *Affirmative Action Loan Scheme* ist verschuldet. Viele von ihnen mussten bereits Vieh verkaufen. Dadurch aber werden ihre Herden zu klein, um hinreichende Umsätze zu machen. Die namibische *Agribank*, die die subventionierten Kredite ausreicht, meinte, dass nur 50 bis 60 Prozent der erworbenen Farmen überlebensfähig seien.[304]

Skeptiker schätzen, dass nach dem Ende der subventionierten Rückzahlungsperiode, d.h. nach 10 Jahren, möglicherweise keiner der Bauern die Kreditforderungen begleichen kann. Kommt es nicht zu Abschreibungen, Umschuldungen oder einer Verlängerung der subventionierten Rückzahlungsperiode, müsste *Agribank* die Farmen beschlagnahmen, was ein weiterer Rückschlag für die Landreform wäre.[305] Die überschuldeten Bauern könnten die Farmen aber auch wieder verkaufen, sodass ein neuer Zyklus der Rekonzentration des Bodens in den kommerziellen Farmgebieten beginnt. *Agribank* hat die Möglichkeit des Weiterverkaufs subventioniert erworbener Farmen innerhalb von 10 Jahren bereits wieder zugelassen. Unter den säumigen Schuldnern finden sich allerdings auch einzelne Repräsentanten der Regierung, die mit den subventionierten Krediten Höfe erwarben, darunter der für die Landreform zuständige Minister Jerry Ekandjo.[306]

Der größere Teil der Ländereien, die in Namibia umverteilt wurden, kam nicht den Bedürftigsten, sondern der kleinen Gruppe von Käufern aus der schwarzen Mittel- und Oberschicht zugute. In einer Studie des UN-Entwicklungsprogramms UNDP heißt es denn auch: „Die Landreform in Namibia ist mehr durch den Wunsch nach *black empowerment* getrieben als durch die Sorge um die wirtschaftliche Ungleichheit."[307]

Dies wird auch daran deutlich, dass die nach dem *Resettlement Programme* angesiedelten Bauern kaum weitergehende Unterstützung auf ihren kleinen Farmen erhalten, während die Begünstigten des *Affirmative Action Loan Scheme* über 10 Jahre subventioniert werden. Gerade Umgesiedelte, die zuvor Subsistenz betrieben, benötigen aber neben Infrastruktur und Inputs umfassende Beratung, um auf dem neuen Land überleben zu können. Die Rechtsberater vom namibischen *Legal Assistance Center* meinen, dass die Umsiedlungsfarmer die gleichen Subventionen bekommen müssten wie einst die kommerziellen Farmer vor der Unabhängigkeit. Doch die dafür erforderlichen Ressourcen sind im Haushalt nicht vorgesehen, denn „solche zusätzlichen Ausgaben könnten die Kosten der Landreform leicht verdoppeln oder verdreifachen".[308]

Ein schwieriges Problem stellt sich schließlich in Bezug auf die Farmarbeiter und ihre Familien, die auf den großen kommerziellen Viehbetrieben leben: 220.000 Menschen insgesamt. Nur wenige Arbeiter profitierten bisher von der Landumverteilung, viele wurden durch Farmverkäufe arbeitslos. Aus Perspektive der Armutsbekämpfung bleibt die Landreform aber solange ein Nullsummenspiel, wie Farmarbeiter durch die Umverteilung großer Farmen und die Neuansiedlung von Bauern ihre Jobs verlieren. Solange es für die Arbeiter keine Beschäftigungsalternativen gibt, müssten auch sie und ihre Familien Zugang zu Land erhalten, was die Herausforderungen an die Agrarreform noch einmal erheblich vergrößert. Wie verwundbar gerade Farmarbeiter sind, zeigt nicht zuletzt das Beispiel der *Fast Track*-Enteignungen in Simbabwe (siehe Kapitel 5).

Angesichts der schleppenden Landreform und der Enteignungen in Simbabwe, mit der viele Namibier sympathisierten, geriet die SWAPO schließlich auch in den eigenen Reihen unter Druck. 2004 – in diesem Jahr fanden Parlamentswahlen statt – kündigte sie daher erstmals an, ebenfalls Enteignungen durchzuführen. Doch ging sie in den Folgejahren überaus zurückhaltend vor und hielt sich an das geltende Recht: Bis zum Jahr 2008 wurden nur fünf Farmen von weißen Großgrundbesitzern enteignet und in allen Fällen zahlte die Regierung eine Entschädigung.[309] Im Fall von vier weiteren Farmen klagten die deutschen Besitzer erfolgreich vor Namibias *High Court*. Sie bekamen im März 2008 Recht und das Gericht stoppte die geplante Enteignung.[310] Das *Legal Assistance Center* macht jedoch deutlich, dass viele weitere Enteignungen weißer Farmen für die politische Stabilität des Landes erforderlich sind: „Enteignung ist ein angemessener, notwendiger und legaler Bestandteil des Landreformprozesses." Kolonialismus und Apartheid machten Namibia zu einem der Staaten mit der weltweit größten sozialen Ungleichheit. Die Rückgabe von Land an bedürftige Bauern sei daher eine grundlegende Frage sozialer Gerechtigkeit, die nach Einschätzung des *Legal Assistance Center* erheblich beschleunigt werden müsse: „Beim gegenwärtigen Tempo der Landreform, die pro Jahr ein Prozent der Farmen umverteilt, wird der Prozess 100 Jahre dauern. Es gehört aber zur politischen Realität der namibischen Demokratie, dass die Regierung die populäre Forderung nach Landreform zeitnah erfüllen muss: Sie kann nicht 100 Jahre warten, ohne ihre Legitimität zu verlieren."[311]

Die deutsche Entwicklungshilfe freilich ignoriert beharrlich die notwendige Enteignung der Großgrundbesitzer deutscher oder burischer Abstammung. Seit 2003 unterstützt sie Namibias Landreform, weigert sich aber, den staatlichen Farmankauf in den kommerziellen Agrargebieten zu finanzieren. Im Rahmen der technischen Zusammenarbeit sagte Deutschland 5,85 Millionen Euro für den Zeitraum 2003 bis 2012 zu. Hinzu kommen 5,12 Millionen Euro aus der finanziellen Zusammenarbeit.[312]

In Namibia zeigt sich deutlich die für die deutsche Entwicklungshilfe typische Marginalisierung umverteilender Landreformen zugunsten von marktorientierten Ansätzen des Landmanagements und der Verwaltung (Landtitel, Registrierungen, Modernisierung von Katasterämtern, Aufbau von Bodenmärkten). Um den Fokus auf die möglichst effiziente Inwertsetzung des Bodens durchsetzen zu können, beeinflusst die Gesellschaft für Technische Zusammenarbeit (GTZ) vor allem den institutionellen Rahmen der Landpolitik. Dazu ließ sie von einem Expertengremium einen Aktionsplan zur Landreform erarbeiten, der 2006 von der Regierung Namibias angenommen wurde und unverändert auf das marktbasierte *Willing Seller-Willing Buyer*-Prinzip setzt.[313] Daneben unterstützte sie die Computerisierung von Katastern und führte agrarökologische Zonierungen und Bewertungen der

Bodenproduktivität durch, die wiederum als Grundlage für eine neue Bodensteuer dienten.[314] Ferner betätigen sich die GTZ und die Kreditanstalt für Wiederaufbau (KfW) bevorzugt in den *Communal Areas* im Norden Namibias, wo aufgrund der höheren Bevölkerungsdichte die Landkonflikte grassieren. In den kommunalen Gebieten fördern sie *Land Boards*, die die traditionellen Bodenrechtssysteme durch moderne Systeme auf Basis von privatem und kommunalem Eigentum ersetzen sollen. Ergänzend unterstützen sie im Norden die Errichtung kleiner Farmen durch Demarkierungen, Wasserbohrungen, Einzäunungen und den Straßenbau.

Der Projektkoordinator der GTZ, Albert Engel, beklagte sich über die in der Öffentlichkeit geforderte Umverteilung der kommerziellen Farmen: „Im Vordergrund öffentlicher Diskussionen steht immer die Frage der Enteignung des kommerziellen Lands, aber die kommunalen Entwicklungen sind viel entscheidender für den größten Teil der Bevölkerung und mit noch größeren Landkonflikten verbunden."[315] Doch ändern die auf das Landmanagement abzielenden GTZ-Maßnahmen per se nichts an der extrem ungleichen Bodenordnung. Im Gegenteil: Mit ihrer Marktorientierung sind sie eher dazu geeignet, die soziale Spaltung zu vertiefen.

Solange die deutsche Entwicklungshilfe die Umverteilung der Großfarmen nicht einbezieht und hierfür die erforderlichen Mittel bereitstellt, trägt sie kaum zur Beseitigung der sozialen Ungleichheit bei. Eine namibische Zeitung schrieb nicht unzutreffend, die Deutschen scheinen zu glauben, mit ihrer Hilfe kaufen sie eine Art „Versicherungspolice", mit der sie „den Druck auf die Enteignung der Farmen Weißer stoppen" könnten.[316] Dass ein solches Kalkül der deutschen Entwicklungshilfe aufgeht, ist angesichts der andauernden sozialen Konflikte allerdings zu bezweifeln.

5 Risikokapital

Land und Gewalt

Viele Konflikte entzünden sich an der Landfrage – an der Bodenkonzentration, dem mangelnden Zugang zu Land, an unzureichenden Agrarreformen und immer häufiger an klimabedingten Bodenverlusten. Degradierung, Wüstenbildung und Wassermangel setzen die davon betroffenen Menschen in Bewegung: Sie verlassen ihr Land, sei es kurzfristig oder dauerhaft, und ihre Mobilität erzeugt Konflikte, die mitunter eskalieren.

Obgleich der Zusammenhang zwischen Land und Konflikt so offensichtlich scheint, gibt es dazu nur wenige systematische Untersuchungen. Eine Studie der OECD verweist auf diese analytische Lücke. Die Konfliktliteratur, stellen die Autoren fest, „sagt nicht viel über die spezifische Rolle von Landdynamiken beim Ausbruch oder der Fortdauer von Gewalt". Dies sei „überraschend", denn Land ist „eine essenzielle Quelle des Lebensunterhalts in ländlichen Gebieten" und daher „einer der Vermögensgegenstände, um den es sich zu kämpfen lohnt".[317]

Der Konfliktforscher James Putzel von der *London School of Economics* schreibt, dass Gewaltkonflikte zwar selten ausschließlich um Land ausgetragen werden, aber „der Zugang zu Land und Streitigkeiten über Landrechte haben in fast allen länger andauernden Fällen von Gewalt und Krieg eine wichtige Rolle gespielt". In den meisten Staaten, die als „fragil" bezeichnet werden, sind die Mehrheit der Menschen von der Landwirtschaft als hauptsächlicher Quelle ihres Einkommens abhängig. Umso erstaunlicher sei es, so Putzel, dass in den Debatten über „Konfliktmanagement" und Entwicklung „fragiler Staaten" dieser Sektor eine so geringe Beachtung findet.[318] Zu den Faktoren, die Gewaltkonflikte begünstigen, zählt Putzel die ländliche Armut, die geringe Produktivität der bäuerlichen Landwirtschaft, die Vernachlässigung ländlicher Entwicklung sowie einen geringen Strukturwandel der Ökonomie. Agrarische Gesellschaften, in denen die Menschen nur mit Mühe von der eigenen Landwirtschaft überleben, seien besonders anfällig für verschiedenste Formen externer Schocks: ein Verfall der Preise für Marktfrüchte, eine Trockenheit oder auch eine Flüchtlingswelle. Armut, Schockanfälligkeit und Vernachlässigung der Landwirtschaft erzeugen eine verzweifelte Bevölkerung, die für gewaltsame Zwecke mobilisiert werden könne, sei es durch Aufständische, die den Staat herausfordern, oder durch den Staat selbst, etwa mit Hilfe paramilitärischer Gruppen. Gleichwohl ist die Eskalation kein Automatismus. Putzel verweist auf Staaten wie Tansania oder Sambia, die sich trotz Armut, Schockanfälligkeit und niedriger Agrarproduktivität längerer Perioden der Stabilität erfreuten.[319]

Die anhaltende Welle von Landgeschäften, die nun über den Globus schwappt, birgt fraglos das Risiko, schlummernde Konflikte zum Ausbruch zu bringen oder existierende zu verlängern und zu verschärfen. Darauf verweist bereits der Umstand, dass eine ganze Reihe derartiger Geschäfte in Krisengebieten oder in Regionen stattfinden, in denen soziale Auseinandersetzungen häufig durch Gewalttakte begleitet werden.

Pakistan: Schutztruppe für Investoren

Ein beunruhigendes Beispiel liefert Pakistan, das nach langen Jahren der Militärdiktatur erst seit Februar 2008 über eine zivile Regierung verfügt, aufgrund des Kriegs im Nachbarland Afghanistan aber eine massive Verschlechterung seiner Sicherheitslage erlebt. Als im Mai 2009 die Regierung ihre Militäraktion gegen die pakistanischen Taliban im Swat-Tal durchführte, war der Investitionsminister Waqar Ahmed Khan zur gleichen Zeit mit einer *Road-Show* in den Golfstaaten unterwegs: 2,4 Millionen Hektar pakistanischen Landes bot er dortigen Unternehmen zum Kauf oder zur Pacht an.[320]

Im Rahmen ihrer kommerziellen Agrarpolitik (*Commercial Agriculture Farming*) bietet die Regierung attraktive Anreize: 100 Prozent ausländische Kapitaleigentümerschaft, Repatriierung sämtlicher Gewinne und

Dividenden, Zollbefreiungen, Aussetzung des Arbeitsrechts und keine Obergrenzen bei den Farmgrößen. Staatsland darf gekauft oder für 50 Jahre, mit Verlängerungsmöglichkeit um weitere 49 Jahre, gepachtet werden.[321]

Investoren interessieren sich besonders für die fruchtbareren Regionen in den pakistanischen Provinzen Punjab, Sindh und Balutschistan, und hier vor allem die Bewässerungsgebiete des Indus und seiner Nebenflüsse. Firmen aus den Vereinigten Arabischen Emiraten erwarben nach eigenen Angaben bereits 324.000 Hektar[322], mit Saudi-Arabien verhandelt die Regierung über weitere 200.000 Hektar.[323] Derweil protestierten pakistanische Bauernorganisationen gegen Pläne ausländischer Investoren, in der Punjab-Provinz Lebensmittel anzubauen: 25.000 Dörfer wären nach ihrer Aussage von Zwangsumsiedlungen betroffen.[324]

85 Prozent der Pakistanis sind arm, ein Viertel unterernährt. Die große Masse der Armen lebt auf dem Lande. Wichtiger Grund ihrer Armut ist laut Weltbank die extrem ungleiche Verteilung von Land. Nur 37 Prozent der ländlichen Haushalte besitzen Boden, die Mehrheit von ihnen weniger als zwei Hektar. Mit dem Bevölkerungswachstum stieg auch in Pakistan die Zahl dieser prekären Minifundien. Dazu gesellt sich eine bedrohliche Wasserknappheit: 80 Prozent der pakistanischen Felder sind bewässert, doch sank der Wasserstand des Indus aufgrund von Trockenheiten in den vergangenen Jahren dramatisch ab, was zu erheblichen Ernteeinbußen führte.[325] Hinzu kommen große Flächen, die durch unsachgemäße Bewässerung versalzten und erodierten. In der südpakistanischen Provinz Sindh mussten zudem viele Tausend Familien ihre Heimat verlassen, weil vordringendes Meerwasser den Salzgehalt der Flüsse erhöhte.[326]

In allen Provinzen, die nun ins Visier der Landjäger geraten, finden sich radikale islamistische Gruppen, die ihre Aktivitäten derzeit verstärken und das Land mit Anschlägen überziehen. Jihadistische Netzwerke im Punjab und in Balutschistan rekrutieren Kämpfer für die in der Nordwestgrenzprovinz und in den an Afghanistan angrenzenden Stammesgebieten aktiven Taliban. Hinzu kommen militante autonomistische und separatistische Bewegungen im Sindh und in Balutschistan. Der verbreitete Groll der verarmten Landbevölkerung gegenüber den Großgrundbesitzern erleichterte es den Taliban, für die Kämpfe im Swat-Tal und andernorts lokale Milizen zu mobilisieren.[327]

Viele Pakistanis fürchten, die neuen Landgeschäfte könnten nicht nur die Lebensmittelversorgung weiter beeinträchtigen, sondern auch

Wasser auf die Mühlen der Aufständischen sein: „Dies würde die sozialen Unruhen verschärfen", schreibt etwa das pakistanische Wirtschaftsblatt *Business Recorder* und erinnert zusätzlich an die Wut vieler Balutschen auf die Zentralregierung, die durch Landverkäufe noch wachsen könnte.[328] „Mit dem Verkauf von 2,4 Millionen Hektar führen wir eine neue Form von Feudalismus ein", sagte der Vorsitzende der *Pakistan Tanners Association*, Agha Saiddain. „Das kann ein Sicherheitsrisiko für das Land erzeugen."[329]

Weitere Nahrung bekamen diese Befürchtungen durch die Ankündigung des Ministers Waqar Ahmed Khan, für die Sicherheit der Landinvestitionen solle eine 100.000 Mann starke Spezialtruppe sorgen: „Die Regierung hat entschieden, eine spezielle Schutztruppe aufzustellen, die dabei helfen wird, ein investitionsfreundliches Klima im Land zu schaffen."[330] Um Löhne und Ausbildung dieser Truppe bezahlen zu können, suche die Regierung die Unterstützung internationaler Geber. Die Kosten schätzte der Minister auf 2 Milliarden US-Dollar.[331]

Diese Ankündigung führte zu scharfer Kritik in der pakistanischen Öffentlichkeit. Nach Angaben der Zeitung *Daily Times* befürchten zivilgesellschaftliche Gruppen, „dass diese Truppe auch dazu benutzt werden könnte, lokale Gemeinschaften von ihrem Land zu vertreiben". Das Blatt verweist außerdem auf die zunehmende Bodenkonzentration, die in Pakistan mit extremen Formen der Ausbeutung von Landarbeitern einhergehe, einschließlich der Zwangsarbeit ganzer Familien. Vor diesem Hintergrund sei es „enttäuschend, dass die wichtigen politischen Parteien nicht die Frage der Landreformen in ihren Manifesten vor den Parlamentswahlen 2008 aufgegriffen haben". Anstatt sich um die Landfrage und den Schutz der Arbeiter zu kümmern, sorge sich die Regierung mit ihrer neuen Sicherheitstruppe mehr um die Anwerbung und den Schutz internationaler Agrarinvestitionen.[332]

Sudan: Lukrative Deals mit Warlords

Nicht minder Besorgnis erregend sind die zunehmenden Landgeschäfte im Sudan. Schlagzeilen machte der US-Investor Philippe Heilberg, dessen Firma *Jarch Capital* nach eigenen Angaben im Südsudan, im Bundesstaat Unity, 400.000 Hektar von der Familie des Warlords Paulino Matip erwarb. Im langjährigen Bürgerkrieg der südsudanesischen *Sudan People's Liberation Army* (SPLA) gegen die Zentralregierung in Khartum kämpfte Matip zunächst mit der SPLA, wurde dann aber abtrünnig und wechsle die Seiten. Nach dem Friedensabkommen im Jahr 2005 (*Comprehensive Peace Agreement*) erlangte der ölreiche Südsudan autonomen Status und Matips Milizen fusionierten nun zum größten Teil wieder mit denen der SPLA. General Matip ist heute Vize-Chefkommandant der südsudanesischen Armee.[333]

Der politische Arm der SPLA, die *Sudan People's Liberation Movement* (SPLM), transformierte sich in eine Partei und stellt heute den größten Teil der Interims-Regierung des Südsudan. Gemäß dem Friedensabkommen ist für 2011 ein Referendum im Südsudan vorgesehen, bei dem über die Unabhängigkeit vom Sudan abgestimmt werden soll. Sollten sich die Südsudanesen für die Sezession entscheiden, befürchten viele Beobachter erneute kriegerische Auseinandersetzungen mit Khartum, das sich der Abspaltung des rohstoffreichen Südens widersetzt.

Heilbergs Firma ging dieses Risiko bewusst ein: Im Vorstand von *Jarch Capital* finden sich Afrika- und Sicherheitsexperten, die im US-Außenministerium, im Pentagon, im Weißen Haus und bei der CIA (*Central Intelligence Agency*) arbeiteten. Heilberg selbst meint: „Man muss immer das Risiko und die Belohnung zusammen betrachten."[334] Er spekuliert auf einen unabhängigen Südsudan und eine anschließende Aufwertung seiner Böden. Das Vorleben seiner Geschäftspartner stört ihn dabei wenig: „Ich bin sicher, Paulino hat viele umgebracht, aber ich bin überzeugt, dass er es zum Schutz seiner Leute gemacht hat."[335] Noch in anderen Regionen versuchte Heilberg, aus dem Staatszerfall Kapital zu schlagen. So sei er mit Rebellen in Sudans Krisenregion Darfur, mit Dissidenten in Äthiopien und mit der Regierung des abtrünnigen Somaliland im Kontakt gewesen. „Ich schaue ständig auf die Karte, um zu sehen, ob es da etwas Wertvolles gibt."[336]

Nach dem Vertrag, den Heilberg schloss, erwirbt eine Tochterfirma von *Jarch Capital* von Matips Sohn, Gabriel Matip, einen 70 Prozent-Anteil an dem südsudanesischen Unternehmen LEAC und pachtet darüber 400.000 Hektar von Paulino Matip. Nach Angaben von Heilberg produziert LEAC Getreide, Ölsaaten, Obst, Gemüse und Blumen und kann die Ernten für den lokalen Markt und den Export weiterverarbeiten. *Jarch Capitals* Tochterfirma, *Jarch Management*, ist in der Steueroase British Virgin Islands registriert.[337]

Heilberg nutzt eine rechtliche Grauzone im Südsudan. Das Friedensabkommen klammerte die wichtige Landfrage für die Zeit nach dem Referendum aus, sodass derzeit kein formales Landrecht existiert. Dies aber birgt erhebliches Konfliktpotenzial. Während des Bürgerkriegs wurden Tausende von Dörfern auf brutale Weise von der sudanesischen Armee und von Warlords geräumt, um Platz für große Bewässerungsprojekte, den Bergbau oder die Ölexploration zu schaffen. Der Unity-Bundesstaat, wo *Jarch Capital* nun investiert, gehört zu den Gebieten, in denen massenhafter Landraub erfolgte. Viele der Vertriebenen schlossen sich der SPLA an und erwarten nun, dass es zu einer Rückgabe geraubten Landes oder zumindest zu Entschädigungen kommt.[338]

Die künftige Landreform steht daher vor der schweren Aufgabe, rückkehrende Binnenflüchtlinge und demobilisierte Kämpfer anzusiedeln und zugleich die Gewohnheitsrechte sesshafter Bauern und nomadischer Hirten zu schützen. Dies ist umso dringlicher, weil es bereits jetzt zu zahlreichen Fällen von gewaltsamem Landraub durch rückkehrende SPLA-Soldaten, aber auch durch Unternehmen mit Verbindungen zu Warlords und den neuen Herrschern gekommen ist. Der Deal von *Jarch Capital* ist insofern überhaupt kein Einzelfall.

Ob eine künftige Landreform im Südsudan die vielfältigen Hoffnungen auf Rückgabe, Wiedergutmachung und eine gerechtere Bodenverteilung erfüllen kann, ist fraglich. Die SPLM versprach nicht nur, die traditionellen Landrechte zu schützen, sondern auch die Rechte von Frauen zu stärken. Doch näherte sich die Befreiungsbewegung bereits in den 1990er Jahren immer mehr der marktliberalen Ideologie und den USA an, die sie unterstützten. 2003 skizzierte die SPLM in einer Resolution ihre Entwicklungsvision: „Die Ökonomie des Neuen Sudan soll eine gemischte freie Marktwirtschaft sein (...). Ausländische Investitionen im Neuen Sudan sollen erlaubt und gefördert und die Repatriierung von Profiten garantiert sein."[339] Ihr Ziel einer „gemischten freien Marktwirtschaft" mitsamt der garantierten Gewinnrückführung für ausländische Investitionen kann durchaus mit einer inklusiven und gerechten Bodenreform in Konflikt geraten.

Kolumbien: Chiquitas bewaffneter Arm

Auch in Kolumbien, das durch einen über 40 Jahre währenden bewaffneten Konflikt gezeichnet ist, nehmen Landraub und Vertreibungen gegenwärtig stark zu, während das Agrobusiness unbeirrt eine weitere Bodenkonzentration fordert. Die Landnahme in Kolumbien, bei der die Armee, Paramilitärs und Guerillas mit äußerster Gewalt vorgehen, hat Methode: „Nicht nur werden Menschen wegen des Krieges vertrieben, sondern es gibt Krieg, um Menschen zu vertreiben", schreibt der Wissenschaftler Héctor Mondragón.[340] Kolumbien weist nach dem Sudan weltweit die zweithöchste Zahl von Binnenflüchtlingen auf. Seit 1985 wurden über 4,6 Millionen Menschen vertrieben – ein Zehntel der Bevölkerung. In den vergangenen drei Jahren stiegen die Flüchtlingszahlen massiv an: Allein 2008 vertrieben bewaffnete Gruppen 380.000 Menschen, im Zeitraum 2006 bis 2008 insgesamt eine Million. Ein großer Teil der Opfer besaß Land, das sich Unternehmen, die mit Paramilitärs kollaborieren, illegal aneigneten. Nach Angaben der Menschenrechtsorganisation CODHES (*Consultoría para los Derechos Humanos y el Desplazamiento*) mussten die vertriebenen Familien seit dem Jahr 2000 eine Fläche von 5,5 Millionen Hektar Land zurücklassen – ein Gebiet, größer als die Schweiz.[341]

Zu den historischen Wurzeln des bewaffneten Konflikts zwischen der Regierung des rechten Präsidenten Álvaro Uribe und der wichtigsten verbliebenen Guerrillagruppe FARC (*Fuerzas Armadas Revolucionarias de Colombia*) gehören die immense Bodenkonzentration sowie mehrere Vertreibungswellen. Eine der Massenvertreibungen ereignete sich in der Periode der „Gewalt" (*La Violencia*) von 1948 bis 1957, bei der zwei Millionen Menschen ihr Land verloren und viele der Opfer in entlegene Gebiete Kolumbiens flohen. Nutznießer waren vor allem die Zuckerfabriken im Cauca-Tal, die sich das Land einverleibten und fortan über ein Heer billiger Arbeitskräfte verfügten.[342] Heute gehört Kolumbien zu den Ländern mit der höchsten Bodenkonzentration: 0,4 Prozent der Grundbesitzer gehören 62,6 Prozent der Flächen.[343]

Die FARC rekrutierten sich vor allem aus den Vertriebenen in den isolierten Urwaldregionen des Landes. In den 1980er Jahren begannen sie, in den von ihnen kontrollierten Gebieten den Kokaanbau zu „besteuern". Mit dem Drogengeschäft aber veränderte sich die Motivation der Guerrilla, auch verlor sie an Rückhalt aufgrund ihrer brutalen Methoden: Morde an der Zivilbevölkerung, Entführungen, Folter, Zwangsrekrutierungen und Vertreibungen.

Doch geht die Mehrheit der Menschenrechtsverletzungen, darunter unzählige Massaker, auf das Konto der Paramilitärs. Seit den 1950er Jahren entwickelten diese sich zu einem integralen Bestandteil der Aufstandsbekämpfungsstrategie der nationalen Armee, die in ihre Ausbildung, Ausrüstung und Koordination investierte. Für Regierung und Armee boten die Paramilitärs zwei Vorteile: Durch sie ließen sich Zivilisten observieren und attackieren, die im Verdacht standen, mit der

Guerrilla zu kollaborieren. Zugleich konnte der Staat sich als unbeteiligt an den damit einhergehenden Verbrechen darstellen. Der Autor Raul Zelik spricht von einer „Strategie informalisierter Sicherheit". Der kolumbianische Paramilitarismus übernehme staatliche Funktionen der Herrschaftssicherung und sei als „informeller Träger solcher ‚Regierungsleistungen'" niemals unabhängig vom Staat gewesen.[344]

Viele Paramilitärs bezeichneten sich als „Selbstverteidigungsgruppen" und schlossen sich unter dem Dach der AUC (*Autodefensas Unidas de Colombia*) zusammen. Seit den 1980er Jahren stiegen die AUC ebenfalls ins Drogengeschäft ein und erbrachten immer mehr Sicherheitsdienste für Großgrundbesitzer und Konzerne: Sie schützten vor Angriffen der Guerrilla, zerschlugen Gewerkschaften, verdrängten Indigene, Afrokolumbianer und Kleinbauern und ermöglichten die Kontrolle über Land, Ressourcen und Verkehrsverbindungen. 2007 gestand der Bananen-Multi *Chiquita Brands International*, dass er über sein kolumbianisches Tocherunternehmen *Banadex* mehr als 1,7 Millionen Dollar an die AUC zahlte. Da die US-Regierung die AUC als Terrororganisation einstufte, wurde *Chiquita* zu einer Strafzahlung von 25 Millionen Dollar verurteilt.[345]

Im April 2009 reichten Familienangehörige von 73 kolumbianischen Mordopfern in den USA eine Sammelklage gegen den Bananenkonzern *Dole Food Company* ein, dem ebenfalls Zahlungen an die AUC vorgeworfen werden. Nach dieser Klage sollen die AUC für *Dole* folgende Dienstleistungen erbracht haben: Vertreibung von Kleinbauern, damit Dole auf ihrem Land Bananen pflanzen konnte; Entfernung linker Guerilleros aus den Bananen-Gebieten und dabei die Ermordung Tausender Unschuldiger; Morde an Gewerkschaftsführern sowie die Terrorisierung von Arbeitern, um sie von der gewerkschaftlichen Organisierung abzuhalten.[346]

Von 2002 bis 2006 initiierte die Uribe-Regierung einen wenig nachhaltigen Demobilisierungsprozess, in dessen Rahmen zwar mehrere Tausend AUC-Kämpfer ihre Waffen abgaben, jedoch viele von ihnen aktiv blieben. Nur wenigen Demobilisierten wurde der Prozess gemacht und nur selten kam es zur Rückgabe der geraubten Grundstücke. Nach Angaben der Kolumbianischen Juristenkommission (*Comisión Colombiana de Juristas*) gaben die Paramilitärs bis Dezember 2007 nur 4.754 Hektar zurück.[347] Auch gründeten sich längst wieder viele neue paramilitärische Gruppen, darunter die in mehreren Landesteilen operierenden *Aguilas Negras*.[348] Die Plantagen, die sie auf dem geraubten Land anlegen, dienen vielfach dazu, Drogengelder in die reguläre Ökonomie einzuspeisen. So investieren ehemalige AUC-Kommandanten in den massiv expandierenden Ölpalmanbau.[349] Im Rahmen des Demobilisierungsprogramms unterstützten die Regierung und internationale Hilfsagenturen die Gründung agroindustrieller Unternehmen, die neben Ölpalmen vor allem Kakao, Holz und Kautschuk produzieren und der Wiedereingliederung der Paramilitärs dienen sollen. Dabei blieben jedoch viele der geraubten Grundstücke in den Händen der AUC-Kämpfer, die sich dank der Demobilisierung in eine neue Generation von Großgrundbesitzern verwandelten. Menschenrechtsorganisationen kritisieren, dass die mit Entwicklungsgeldern aufgebauten Produktivprojekte den Paramilitärs „Permanenz und wirtschaftliche Macht garantieren".[350]

Um dem transnationalen Landraub weitere Hürden aus dem Weg zu räumen, ersinnt die Uribe-Regierung derzeit verschiedene Wege, um die maximale Fläche, die Agrarinvestoren besitzen können, zu erhöhen. Nach dem Konzept der sogenannten *Unidad Agrícola Familiar* dürfen Produktivprojekte pro Unternehmen 900 Hektar nicht überschreiten. Durch Gründung mehrerer Unternehmen ist die Bewirtschaftung größerer Flächen zwar möglich, aber aufwändiger. Kolumbianische, argentinische und brasilianische Agrarkonzerne machen daher mit vereinten Kräften Druck, damit diese Obergrenze kippt. Um ihnen diesen Wunsch zu erfüllen, schlagen eilfertige Kongreßabgeordnete neben allerlei Gesetzesänderungen nun die Einrichtung agrarischer Sonderwirtschaftszonen vor.[351] Zugleich aber brachte die Uribe-Regierung im Juni 2009 einen Gesetzesvorschlag zu Fall, der Entschädigungen für Opfer des bewaffneten Konflikts vorsah (*Ley de Víctimas*).[352]

In Kolumbien, wie in vielen anderen Ländern, gehört die soziale Ungerechtigkeit, die sich in einer extremen Bodenkonzentration äußert, unzweifelhaft zu den Gründen des anhaltenden Konflikts. Die ungleiche Verfügung über Land ist aber nicht nur eine Ursache der Gewalt, sondern auch eine wirtschaftliche Ressource, die den Konflikt weiter aufrecht erhält. Über Landbesitz und Plantagenwirtschaft können bewaffnete Gruppen nicht nur Einnahmen generieren, sondern auch Drogengelder waschen.

Allerdings lässt sich der Paramilitarismus deswegen noch nicht als reines Phänomen der „Schattenökonomie" begreifen, wie Zelik betont: „Zwar stimmt es, dass Drogeneinnahmen den paramilitärischen Krieg finanzieren. Doch das ökonomische Projekt der Paramilitärs deckt sich mit den Vorstellungen der formalen Ökonomie, also der Unternehmerverbände, der großen Entwicklungsagenturen und ausländischen Investoren." Die Paramilitärs seien auf doppelte Weise mit dem Weltmarkt verschränkt: „Diese trugen nicht nur maßgeblich zur Durchsetzung eines weltmarktorientierten Entwicklungsmodells bei; sondern sie investierten auch selbst in die Exportwirtschaft." Bei ihrer Kriegsökonomie handle es sich daher um eine „spezifische Variante von Modernisierung".[353]

Privateigentum als Friedensstifter

Wie aber könnten gewaltsame Landkonflikte vermieden werden? Die Beseitigung sozialer Ungleichheit oder die Umverteilung von Land wären gewiss naheliegende Optionen. Anders bei den Marktliberalen: Sie empfehlen nicht Gerechtigkeit, sondern den Schutz privater Eigentumsrechte. „Sichere Eigentumsrechte", verkündet die OECD, seien nicht nur „der Eckpfeiler einer gut funktionierenden Marktwirtschaft", sondern sie haben „auf lange Sicht auch positive Auswirkungen auf den Frieden". Konflikte und Rebellenbewegungen würden vor allem in solchen Gebieten in Erscheinung treten, in denen der Staat keine Kontrolle ausübe. Existiere jedoch ein staatlich kontrolliertes System von Eigentumsrechten, „wird es für Rebellen schwerer, Kämpfer zu rekrutieren oder an Land zu kommen".[354]

In einer Weltbank-Studie lesen wir: „Es hat sich gezeigt, dass die Vergabe sicherer Landnutzungsrechte an Haushalte die Investitionen steigert, die Bodenwerte erhöht und das Niveau und die Wahrscheinlichkeit von Konflikten reduziert."[355] So kann es dann auch nicht überraschen, dass die Bank als Antwort auf den aktuellen Boom von Landgeschäften als wichtigste Maßnahme empfiehlt, „Ländern dabei zu helfen, sichere Eigentumsrechte zu etablieren".[356]

Die Wirtschaftsliberalen stützen sich vielfach auf die ökonomische Institutionentheorie, deren Verfechter gleichfalls versuchen, die friedensstiftende Wirkung privater Eigentumsrechte an Land zu belegen. Im Verständnis derartiger Untersuchungen verkörpern Institutionen die Spielregeln einer Gesellschaft. Das Eigentumsrecht, als eine staatlich garantierte ökonomische Institution, bestimmt darüber, wer Zugang zu Ressourcen und ihrer Nutzung erhält.

Eine institutionenökonomische Studie der Universität Sussex meint, dass in jenen Gebieten Kolumbiens, in denen der Staat mangelnde Präsenz zeigte und zu schwach zur Durchsetzung von Eigentumsrechten war, Landnahme und Gewalt in besonderem Maße grassierten. Mit der „Präsenz des Staates" und „der größeren Formalität der Eigentumsrechte, sinkt die Konfliktintensität (gemessen an den Angriffen, der Massaker-Rate und der Zahl der Vertriebenen)", heißt es in dieser Studie. Dem Geist der Institutionenökonomie entsprechend empfiehlt sie daher auch keine umverteilende Agrarreform, sondern die Formalisierung und Stärkung des Privateigentums, denn „gut definierte Eigentumsrechte könnten die Intensität des Konflikts mindern".[357]

Indes entgeht den institutionenökonomischen Ansätzen, dass der Staat in vielen Konflikten überhaupt kein neutraler Akteur ist. In Kolumbien ist er wirtschaftlich und politisch auf das Engste mit dem Paramilitarismus und dem von der Gewalt profitierenden transnationalen Unternehmertum verflochten. Die staatlich gestützte Gewalt hat in Kolumbien eindeutig Klassencharakter. Sie richtet sich gezielt gegen Gewerkschafter, Kleinbauern, Indigene und Afrokolumbianer. Dieser Klassencharakter der Gewalt findet sich ebenso in den Landkonflikten in Pakistan, Sudan und vielen anderen Staaten, auch wenn er mitunter religiös, ethnisch oder durch Stammeszugehörigkeiten überlagert sein mag. In Pakistan will der Staat mit seiner Schutztruppe die Agrarinvestitionen nicht nur gegen Jihadisten, sondern auch gegen Landlose schützen. Im Südsudan gehen landraubende Warlords, Befreiungsbewegung und transnationale Kapitalgruppen eine Koalition ein, die die SPLM in eine „gemischte freie Marktwirtschaft" transformieren möchte.

Ungnädig werden Institutionenökonomen schließlich, wenn Landlose das Recht in die eigene Hand nehmen und das Privateigentum beiseite schieben. So nahmen zwei US-amerikanische und ein brasilianischer Forscher die Landbesetzungen der brasilianischen Landlosenbewegung MST (*Movimento dos Trabalhadores Rurais Sem Terra*) ins Visier. Das Team behauptet, die Landlosenbewegung provoziere bei ihren Besetzungen bewusst Gewalt, um Medienaufmerksamkeit zu erzielen. Mittels der Presse setze sie die Regierung unter Druck, um eine besetzte *Fazenda* durch die Agrarreformbehörde INCRA enteignen zu lassen. Als letztliche Ursache der Gewalt identifizieren die Forscher eine Politik, die dem Privateigentum Grenzen setzt und Enteignungen ermöglicht. Das „größere politische Gewicht auf Landreformen durch Enteignungen", folgern sie, „scheint den unvorhergesehenen Effekt einer Zunahme von Landkonflikten zu haben".[358]

Brasilien: Straßenblockade der Landlosenbewegung MST

Auf diese und andere Weise versuchen die Marktgläubigen, das die Bodenkonzentration schützende Privateigentum von einer Quelle des Konflikts zu einem Instrument der Befriedung umzudeuten. Ihre Studien verwandeln jene, die vom Reichtum ausgeschlossen sind und dagegen aufbegehren, in die Urheber der Gewalt. Mit allen Mitteln versuchen sie, umverteilende Agrarreformen, die bei starker Bodenkonzentration ohne Enteignungen nun einmal undurchführbar sind, als ineffizient, kontraproduktiv und eigentliche Quelle von Gewalt darzustellen.

Als Beispiel verweisen Neoliberale gern auf die angeblich gescheiterte enteignende Landreform in Simbabwe. Dabei machen sie sich die weit verbreitete Entrüstung über die Zwangsenteignungen weißer Farmer zunutze, die die Mugabe-Regierung mit ihrer *Fast Track*-Reform seit dem Jahr 2000 vorantrieb. Die OECD etwa schreibt, dass „Landreformen oftmals selbst eine Quelle von Gewalt und Frustrationen gewesen sind", etwa wenn, wie in Simbabwe, „die wirtschaftliche Leistung sich aufgrund der Reform verschlechtert".[359] Das „wesentliche Ergebnis" der *Fast Track*-Reform sei „die nahezu vollständige Destruktion der simbabwischen Landwirtschaft und Ökonomie gewesen". Die Regierung habe es weder vermocht, aus „den großen und sehr produktiven Farmen, die beschlagnahmt wurden", eine „dynamische kleinbetriebliche Landwirtschaft zu schaffen", noch die marginalisierten Stadt- und Landbewohner zu befrieden.[360]

Rückendeckung erfahren derlei Darstellungen durch westliche Medien, die bis heute ein eindimensionales Bild des landwirtschaftlichen Niedergangs aufgrund der Enteignungen zeichnen. „Große Flächen fruchtbaren Bodens liegen nun brach; die landwirtschaftliche Produktion ist eingebrochen", meldet das britische Blatt *Economist*.[361] Und auch die *Financial Times* urteilt: „Der Schaden für die simbabwische Landwirtschaft ist beträchtlich."[362]

Ein unvoreingenommener Blick auf die simbabwische Landreform und ihre Genese liefert jedoch ein anderes, weit differenzierteres Bild. Dabei zeigt sich, dass gerade das Beharren der internationalen Gemeinschaft auf dem privaten Eigentumsrecht und einer völlig unzureichenden marktgestützten Reform eine wiederkehrende Quelle des Konflikts war. Auch lässt sich das simplifizierende Bild vom landwirtschaftlichen Niedergang nicht halten. Die Landreform ist nicht der totale Misserfolg, zu dem sie Marktideologen abstempeln wollen.

Simbabwes radikale Landreform

London war 1979 Schauplatz langwieriger Verhandlungen über die Unabhängigkeit der ehemaligen britischen Kolonie Süd-Rhodesien, dem heutigen Simbabwe. Bei der damaligen *Lancaster House*-Konferenz mussten die Befreiungskämpfer allerlei Kröten schlucken. So setzte Großbritannien erfolgreich eine Klausel in der Verfassung des künftigen unabhängigen Staates durch, die die Interessen weißer Siedler wahren sollte. Nach dieser Bestimmung durfte die simbabwische Regierung ausschließlich untergenutztes Land für die Ansiedlung von Bauern akquirieren, und dies auch nur dann, wenn sie sofort eine angemessene Entschädigung in Devisen zahlte. Den Großgrundbesitzern wurden zusätzlich weitreichende rechtliche Möglichkeiten eingeräumt, sich gegen die Überlassung ihres Landes zur Wehr zu setzen.[363]

Diese Regelung war eine bittere Pille für die Befreiungsbewegungen ZANU (*Zimbabwe African National Union*) von Robert Mugabe und ZAPU (*Zimbabwe African Patriotic Union*) von Joshua Nkomo, die mit dem Versprechen umverteilender Landreform den Befreiungskampf gegen das weiße Regime von Ian Smith geführt hatten. Die Erwartung großer Teile der Bevölkerung und vor allem der Befreiungskämpfer war nicht, für die Rückgabe des Landes, das die Kolonialherren einst raubten, auch noch zahlen zu müssen. Ganz im Gegenteil erwarteten sie, dass die ehemalige Kolonialmacht für ihre gewaltsamen Landnahmen und andere Verbrechen Entschädigungen leistet.

Damit die Befreiungsbewegungen diese bittere Verfassungs-Pille schlucken konnten, stellte Großbritannien Hilfsgelder für die Landreform in Aussicht. Diese sollten es der simbabwischen Regierung ermöglichen, das von den weißen Großgrundbesitzern freiwillig angebotene Land zu kaufen und für die Ansiedlung von Landlosen und Kleinbauern zu verwenden. Als Robert Mugabes ZANU-PF 1980 mit großer Mehrheit die ersten Wahlen nach der Unabhängigkeit gewann und die Regierung stellte, besaßen 6.000 weiße Farmer mit 15,5 Millionen Hektar der besten Ackerflächen noch immer fast 40 Prozent des Landes, während 4,5 Millionen Kleinbauern (eine Million Haushalte) sich auf 16,5 Millionen Hektar meist trockener Böden drängten. Ihr kümmerliches Dasein fristeten sie in den sogenannten *Communal Areas*, in die sie während der Kolonialzeit abgeschoben wurden.[364]

Die Landreform nach dem *Willing Seller-Willing Buyer*-Modell kam jedoch nur schleppend voran und die Regierung Mugabe verfehlte deutlich ihre selbst gesteckten Ziele. So wollte sie 162.000 Familien bis zum Jahr 1986 mit neuen Parzellen versorgen. Am Ende der 1980er Jahre aber, nach fast 10 Jahren freiwilliger Reform, wurden nur 54.000 Familien auf rund 3,3 Millionen Hektar angesiedelt. Für viele Neuangesiedelte bedeutete dies jedoch kaum eine Verbesserung ihrer Situation. Denn das Land, das die Großgrundbesitzer an den Staat verkauften, war zum größten Teil abgelegen und von minderer Qualität.[365]

Auch fehlten der Regierung zunehmend die Mittel, um die Umgesiedelten mit der notwendigen Infrastruktur zu versorgen, seien dies Straßen, Gesundheitseinrichtungen, Schulen oder die landwirtschaftlichen Inputs. Über das gesamte Jahrzehnt traten die im Lande verbliebenen weißen Farmer nur einen kleinen Teil ihrer Ländereien an den Staat ab. Manche konnten ihre Farmen sogar noch vergrößern, weil sie das Land jener Siedler aufkauften, die Simbabwe nach der Unabhängigkeit verließen.

Die Mittel schließlich, die Großbritannien über die 1980er Jahre für den Landkauf und Umsiedlungen in Simbabwe zur Verfügung stellte, fielen mit 44 Millionen Pfund weit niedriger aus als erwartet. 1989 stellte die britische Regierung ihre Zahlungen sogar ganz ein und über die gesamten 1990er Jahre beteiligte sie sich nicht mehr an den Kosten der Landreform. Selbst die von westlichen Regierungen dominierte *International Crisis Group* kritisierte die britische Knauserigkeit: „Die Summen, die die Briten für die Landverteilung ausgaben, waren bemerkenswert niedrig angesichts der historischen Gewinne, die das britische Empire mit den fruchtbaren Böden Rhodesiens machte."[366]

Die 1997 ins Amt eingeführte Entwicklungsministerin der britischen *Labour*-Regierung, Clare Short, sorgte im selben Jahr für große Empörung in Simbabwe. In einem Brief an den simbabwischen Landwirtschaftsminister verweigerte sie weiterhin Zahlungen für die Landreform und schrieb zur Begründung: „Ich möchte klarstellen: Wir akzeptieren nicht, dass Großbritannien eine spezielle Verantwortung hat, die Kosten für Landkäufe in Simbabwe zu tragen. Wir sind eine neue Regierung mit verschiedenen Hintergründen, aber ohne Verbindungen mit früheren kolonialen Interessen. Meine eigene Herkunft ist irisch. Und wie Sie wissen, waren wir kolonisiert und keine Kolonisierer."[367]

Die 1990er Jahren waren ein verlorenes Jahrzehnt für die Agrarreform. Zwar ermöglichte die Regierung 1992 durch eine Gesetzesänderung die Akquisition nicht nur von untergenutztem, sondern auch intensiv bewirtschaftetem Land, ihre Ansätze einer forcierten Enteignung scheiterten jedoch kläglich. Aufgrund des schleppenden Fortgangs der Agrarreform häuften sich ab 1997 Besetzungen weißer Farmen, die es in geringerer Intensität über die gesamte Zeit der Unabhängigkeit gab. Zentrale organisatorische Kraft der Besetzungen war die Vereinigung der Veteranen des Befreiungskriegs (*Zimbabwe National Liberation War Veterans Association*), die größte simbabwische Organisation von Kriegsveteranen mit Verbindungen zu ZANU-PF.

Vor dem Hintergrund einer schweren Wirtschaftskrise, die durch Strukturanpassungsauflagen des IWF noch verschärft wurde, sowie zunehmender sozialer Proteste präsentierte die Regierung 1997 eine Liste von 1.417 kommerziellen Farmen, die sie gegen Entschädigung enteignen wollte. Doch die Großgrundbesitzer konnten sich erfolgreich vor Gericht gegen dieses Vorhaben wehren. 1998 strich die Regierung bereits 40 Prozent der Farmen von ihrer Liste, 1999 wurde der Rest per Gerichtsentscheid vor der Enteignung bewahrt. Dieser Rückschlag radikalisierte die Besetzungen nur noch mehr und es kam zu ersten Gewalttakten gegen weiße Siedler und ihre Familien.[368]

Ein Währungscrash im November 1997 löste eine massive Preisinflation von Nahrungsmitteln und Treibstoffen aus und verschärfte die Krise abermals. Vor allem in den Städten kam es zu Protesten und Streiks, gegen die die Regierung mit zunehmender Härte vorging. Ihre Haltung gegenüber den Landbesetzungen indes changierte zwischen Repression, Tolerierung und Unterstützung. Den Kriegsveteranen gelang es mit ihren Besetzungen und ihrer relativ großen ländlichen Unterstützung, eine Spaltung in der regierenden ZANU-PF-Partei von Präsident Mugabe herbeizuführen. Vor allem lokale ZANU-PF-Funktionäre unterstützten nun die Besetzungen.

In dieser angespannten Situation scheiterte ein halbherziger Versuch internationaler Entwicklungsorganisationen, die Landreform zu finanzieren. Aufgeschreckt durch die radikalen Besetzungen führten sie 1998 eine Geber-Konferenz in Simbabwe durch, an der das UN-Entwicklungsprogramm, Weltbank, IWF und die Europäische Union teilnahmen. Die Geber beharrten jedoch nach wie vor auf dem völlig unzureichenden *Willing Seller-Willing Buyer*-Prinzip und waren nicht bereit, sich an Entschädigungszahlungen für enteignete Farmen zu beteiligen.[369]

Fast Track der Enteignung

Unter dem Druck der sozialen Proteste bereitete die Regierung 1999 schließlich eine Verfassungsänderung vor, die Mugabe zwei weitere Amtszeiten ermöglichen und die entschädigungslose Enteignung von Farmen legalisieren sollte. Um diese Änderungen zu verhindern, formierten sich oppositionelle Kräfte, darunter der von Morgan Tsvangirai angeführte Gewerkschaftsbund *Zimbabwe Congress of Trade Unions*, und gründeten im September 1999 die Partei *Movement for Democratic Change* (MDC). Dank ihrer Mobilisierung wurden die Änderungsvorschläge der Regierung bei dem Verfassungsreferendum im Februar 2000 mit einer Mehrheit von 55 Prozent abgelehnt. Dies war die erste relevante Niederlage für ZANU-PF, die nun fürchtete, sie könne auch bei den Parlamentswahlen, die später im selben Jahr folgten, einen Rückschlag erleiden. Mit einer radikal verschärften Gangart in der Landfrage gelang es ihr jedoch, sich weiter an der Macht zu halten.

Unmittelbar nach dem gescheiterten Referendum kam es zu einer erneuten Welle von Farmbesetzungen, die gewalttätige Formen annahm. Diesmal wurden die Besetzungen aber nicht nur von den Kriegsveteranen durchgeführt, sondern auch von Milizen der ZANU-PF. Ergänzend nahm die Regierung mit ihrer Parlamentsmehrheit im April 2000 die angestrebte Verfassungsänderung vor, die ihr nunmehr entschädigungslose Enteignungen ermöglichte. Die neue Verfassungsklausel besagte, dass nicht

Hof der Shona in Simbabwe

Simbabwe, sondern die ehemalige Kolonialmacht – also Großbritannien – verpflichtet sei, zwangsenteignete Farmer zu entschädigen. Die Regierung verkündete, sie selbst werde nur noch für Investitionen wie Gebäude und Ausrüstungen Kompensationen leisten, aber nicht für das Land.[370] Im Juli 2000 schließlich verabschiedete die Mugabe-Regierung ihre umstrittene *Fast Track*-Landrefom (*Land Reform and Settlement Programme*) und veröffentlichte sukzessive erweiterterte Listen von rund 3.000 Farmen, die beschlagnahmt werden sollten. Den Besitzern gab sie 90 Tage Zeit, ihre Höfe zu räumen. Kriegsveteranen und ZANU-PF-Jugendbrigaden wurden mobilisiert, um die Farmen zu besetzen und landarme Familien dorthin umzusiedeln. Mehr als 300 kommerzielle Farmer, die sich den Räumungsaufforderungen widersetzten, wurden verhaftet.[371]

Ursprünglich sollte das *fast-track*-Programm Mitte 2002 enden, Besetzungen und Enteignungen dauerten in den Folgejahren jedoch weiter an, wenn auch mit abnehmender Intensität. Von den 4.500 kommerziellen Farmen, die sich im Jahr 2000 noch mehrheitlich im Besitz Weißer befanden, wurden bis 2005 nahezu 4.000 zwangsenteignet.[372] Nach Angaben der Union kommerzieller Farmer CFU (*Commercial Farmers Union*) bewirtschafteten im März 2008 nur noch 180 der einstigen Mitglieder des Verbands ihre Farmen.[373]

Die Reform verteilte innerhalb weniger Jahre 10 Millionen Hektar kommerzielles Land. Auf 70 Prozent dieser Fläche wurden rund 140.000 mehrheitlich arme Familien aus den *communal areas* angesiedelt. Sie erhielten Parzellen mit einer durchschnittlichen Größe von 20 Hektar, die zum Teil aus Ackerland und zu einem weiteren Teil aus gemeinschaftlichen Weiden bestehen. Die Kleinbauern erhielten das Land zumeist nach dem sogenannten A1-Modell, das ihnen ein Nutzungsrecht auf dem neu akquirierten Staatsland einräumt.[374]

Die restlichen 30 Prozent des akquirierten Landes wurden nach dem A2-Modell für kommerzielle Farmen umverteilt. 12.000 Begünstigte erhielten mittelgroße Flächen von durchschnittlich 700 Hektar sowie weitere 5.000 Begünstigte große Flächen von durchschnittlich 1.500 Hektar. Das A2-Modell sollte einen wettbewerbsfähigen Farmsektor erhalten, nun aber in der Hand Schwarzer. Darin drückte sich das von ZANU-PF verfolgte Ziel einer „Indigenisierung" der kommerziellen Landwirtschaft aus. Um Investitionen anzuregen, erhielten die A2-Farmer einen 99-jährigen Pachtvertrag mit Kaufoption. Zu den Neubesitzern von A2-Farmen gehörten neben der aufstrebenden schwarzen Mittelschicht allerdings auch Funktionäre und Günstlinge der Mugabe-Regierung.[375]

Doch von dem deutlich größeren Teil des umverteilten Landes profitierten arme Familien. Faktisch kamen in den wenigen Jahren der *Fast Track*-Reform weit mehr Familien in den Genuss von Land als in den vorhergehenden 20 Jahren marktgestützter Agrarreform. Der Politikwissenschaftler Mahmood Mamdani unterstreicht die überaus hohe Bedeutung dieser Reform für die gesamte Region: „Simbabwe erlebte den größten Eigentumstransfer im südlichen Afrika seit der Kolonisierung und dies alles geschah in extrem kurzer Zeit."[376]

Doch die Durchführung der Reform produzierte auch viele Verlierer. So wurden nicht nur weiße Farmer Opfer von Vertreibungen und gewalttätigen Übergriffen, sondern auch Tausende von Landarbeitern. Es wird geschätzt, dass zu Beginn der *Fast Track*-Reform 350.000 Farmarbeiter, darunter die Hälfte Saisonarbeitskräfte, mit ihren Familien auf den Farmen lebten – insgesamt zwei Millionen Menschen. Bereits vor der Reform gehörten sie zu den am stärksten diskriminierten Teilen der Arbeiterschaft. Nicht einmal ein Viertel von ihnen erhielt den staatlichen Mindestlohn, im Schnitt lag ihr Lohn um die Hälfte niedriger. Vielfach lebten sie in totaler Abhängigkeit von den Großbauern, häufig in sklavenähnlichen Verhältnissen.[377]

Die Besetzer nahmen mitunter nur wenig Rücksicht auf das Schicksal der Landarbeiter, weil sie sie als Verbündete der weißen Farmer betrachteten. Tatsächlich mobilisierten die Großgrundbesitzer häufiger ihre Arbeiter, teils unter Androhung von Entlassungen, um gegen die Besetzungen vorzugehen oder an oppositionellen Demonstrationen teilzunehmen. Doch schlugen sich manche Farmarbeiter auch auf die Seite der Besetzer und kamen dadurch in den Genuss der Landzuteilung. Dies allerdings blieb nur einer Minderheit von bestenfalls 5 Prozent der Arbeiter vergönnt. Nur jene festangestellten Arbeiter, die auf den von der Umverteilung verschonten Großplantagen arbeiteten (rund 90.000 Arbeiter), behielten ihre Jobs. Die übrigen aber, die ihre Beschäftigung verloren, verblieben entweder mit ihren Familien auf den beschlagnahmten, aber häufig nicht mehr funktionsfähigen Farmen oder sie wurden vertrieben. Viele kehrten in die *Communal Areas* oder in die Slums der Städte zurück.[378]

Besonders prekär ist die Situation der Arbeitsmigranten, die rund 30 Prozent der Farmarbeiter ausmachten. Dabei handelte es sich meist um Migranten der zweiten Generation, deren Eltern aus Sambia, Malawi oder Mosambik einwanderten, und denen die Mugabe-Regierung 2001 mit ihrem Verbot der doppelten Staatsbürgerschaft die Einbürgerung verweigerte. Ein großer Teil der 200.000 Landarbeiter, die im Jahr 2008 vielfach mit Rechtsunsicherheit auf den enteigneten Farmen lebten, stammen aus den Migrantenfamilien.[379]

Schließlich litt auch die Agrarproduktion. Dem einstigen Nahrungsüberschussland Simbabwe mangelt es heute sowohl an Devisen als auch an Lebensmitteln. In der Hochphase der *Fast Track*-Reform im Jahr 2003 hungerten sieben Millionen Menschen und waren auf Nahrungsmittelhilfe angewiesen. Nachdem sich die Situation zwischenzeitlich besserte, verschlechterte sie sich infolge der wirtschaftlichen Krise und von Missernten in den Jahren 2007 und 2008 wieder. Für 2009/2010 schätzen das World Food Programme WFP und die FAO die Zahl der Menschen, die Nahrungsmittelhilfe benötigen, auf 2,8 Millionen, die Mehrheit davon in den ländlichen Gebieten.[380]

Eine neue Realität

Gleichwohl lässt sich die verschlechterte Ernährungssituation nicht umstandslos auf die radikale Bodenreform zurückführen, sie war nur ein Faktor unter mehreren. Mahmood Mamdani etwa verweist auf den

Klimawandel und die Häufung schwerer Trockenheiten, die das südliche Afrika in den letzten Jahren heimsuchten. Im Jahr 2002, in der Hochphase der *Fast Track*-Reform, kam es zu einer der schwersten Dürren. In Simbabwe ließ diese nach damaligen Schätzungen des *World Food Programme* allein die Erträge des wichtigsten Grundnahrungsmittels Mais um zwei Drittel einbrechen. Die gesamte Getreideernte ging um 57 Prozent zurück.[381] Der südafrikanische Agrarexperte Ben Cousins bestätigt diesen Befund: „Die Trockenheit spielte eine Schlüsselrolle für die verminderten Ernteerträge der Landreform-Farmen in den vergangenen Jahren. Und sie ist zweifellos ein Schlüsselfaktor der gegenwärtigen Nahrungskrise."[382]

Hinzu kommt, dass die enteigneten weißen Farmer sich hauptsächlich auf die Exportproduktion von Tabak oder Gemüse konzentrierten und daher nur in geringem Maße zum lokalen Lebensmittelangebot beitrugen. Die große Masse der Lebensmittel für den lokalen Bedarf – hauptsächlich Mais, aber auch Weizen – erzeugten die Kleinbauern in den *Communal Areas* und auf den neuen Umsiedlungsfarmen. Ihre Ernten aber dezimierte die Trockenheit. Die Kleinbauern litten außerdem darunter, dass Saatgut und Düngemittel wegen der galoppierenden Inflation für sie unerschwinglich wurden. Hinzu kamen Wirtschaftssanktionen der USA, der Europäischen Union und des Internationalen Währungsfonds, die den Mittelzufluss nach Simbabwe einschränkten und die Krise verstärkten. Nicht zu vergessen ist schließlich die AIDS-Epidemie, an der im Jahr 2001 26 Prozent der Erwachsenen erkrankt waren. Die Krankheit mindert die Arbeitsfähigkeit der Betroffenen und die Behandlungskosten schmälern das für Lebensmittel verfügbare Budget ihrer Familien.[383]

Entgegen der Behauptung vieler Kritiker des Mugabe-Regimes führte die radikale Bodenreform auch nicht zu einem generalisierten Niedergang der Landwirtschaft. Mit Verweis auf Feldforschungen hält Ian Scoones vom britischen *Institute of Development Studies* (IDS) viele der Behauptungen über die negativen Folgen für Mythen: „Es gibt nicht nur eine Geschichte der Landreform in Simbabwe", betont Scoones. „Das Bild ist gemischt – in Abhängigkeit von der Region, vom Ansiedlungsmodell und von den Siedlern." Die Reform lasse sich weder als totaler Misserfolg bezeichnen, noch sei das Land ausschließlich klientelistisch vergeben worden. „Dies waren nicht reiche Eliten mit politischen Verbindungen, sondern arme Menschen mit Landmangel, die sich danach sehnten, endlich die Früchte der Unabhängigkeit zu ernten." Auch gebe es durchaus private Investitionen, sodass weder die Produktion noch die ländliche Entwicklung zum Stillstand gekommen seien.[384] Bemerkenswert an den Feldforschungen in der simbabwischen Provinz Masvingo ist, dass gerade die nach dem A1-Modell angesiedelten Kleinbauern sich offenbar recht gut behaupten konnten – einige besser, einige schlechter. In Interviews äußerten die neu Angesiedelten generell eine große Zustimmung zur Landreform, trotz vieler widriger Umstände. „Das Leben hat sich beträchtlich für mich gewandelt", sagte einer der Siedler. „Ich habe jetzt mehr Land und kann mehr produzieren als vorher." Größere Schwierigkeiten dagegen hatten manche der kommerziellen Farmen des A2-Modells. Die Hyperinflation und die Kreditklemme verhinderten, dass sie notwendige Investitionen vornehmen konnten.

Ian Scoones verdeutlicht, dass dank der *Fast Track*-Reform ein tiefgreifender Strukturwandel stattfindet: „Die alte dualistische Agrarwirtschaft, das Erbe der kolonialen Ära, ist vergangen und eine neue Agrarstruktur entwickelt sich rasch." Damit gehe auch eine Verschiebung der dominanten Produktionssysteme einher – weg von der großflächigen kommerziellen Landwirtschaft, hin zu kleinbäuerlichen gemischten Anbausystemen. Dies spiegele sich auch in den Investitionen wider, die nicht in aufwändige Bewässerung und Mechanisierung fließen, sondern bescheidener und angepasster an die unmittelbaren Bedürfnisse ausfallen. Die neue Agrarstruktur, so Scoones, „schafft Herausforderungen und Chancen, Gewinner und Verlierer, aber sie kann nicht als kompletter Fehlschlag charakterisiert werden". Die Politik müsse diese neue Realität anerkennen, ihre nicht zu leugnenden Potenziale stärken und der Versuchung widerstehen, auf „alte und ausgelaufene Modelle" zurückzugreifen.[385]

Zudem zeigt die Genese der simbabwischen Landreform, dass nicht die Enteignungen die entscheidende Konfliktursache darstellten, sondern die Weigerung der internationalen Gemeinschaft und über lange Zeit auch der Regierung, die ungerechte Bodenordnung zu korrigieren. Erst als Mugabes Rückhalt in der Bevölkerung so stark schwand, dass er das Referendum im Jahr 2000 verlor, änderte die Regierung ihren Kurs und kooptierte die von den Kriegsveteranen initiierte Bewegung der Landbesetzungen. Dabei schürt Mugabe bis heute den Hass auf die verbliebenen Weißen, die er als „Imperialisten" beschimpft. Auf diese Weise ermutigt er zu gewalttätigen Übergriffen auf die wenigen weißen Farmer und ihre Arbeiter.

Gleichwohl war es das Versäumnis, unmittelbar nach der Unabhängigkeit eine konsequente Umverteilung durchzuführen, welches Mugabe später die Möglichkeit bot, aus dem weit verbreiteten Unmut über die Bodenkonzentration Kapital zu schlagen. Wie Ben Cousins betont, entgeht vielen Kritikern „die hoch effiziente Weise, in der Mugabe und ZANU-PF die Landfrage und antiimperialistische Demagogie benutzen, um Unterstützung auf dem Land, in der Stadt und in der Region zu gewinnen. Auch bei den jüngsten Wahlen zeigte sich eine anhaltende Unterstützung für Mugabe, trotz der extremen Not, die die meisten Menschen erleiden."[386]

Wie stark schließlich die ideologische Brille, den Blick auf die Landreform verzerrt, zeigt ein Vergleich der Morde an weißen Farmern in Simbabwe und seinem Nachbarland Südafrika. Seit dem Ende des Apartheidregimes schleppt sich in Südafrika eine erfolglose marktbasierte Agrarreform nach dem *Willing Seller-Willing Buyer*-Modell dahin, in der nach zehn Jahren nur vier Prozent des anvisierten Landes umverteilt werden konnten. Zugleich aber berichten Medien über eine wachsende Zahl von Morden an weißen Farmern in Südafrika. Die Zahlen schwanken; sie reichen von 2.500 bis 3.000 Weißen, die zwischen 1994 und 2009 auf dem Lande umgebracht worden seien.[387] Bereits im Jahr 2004 berichtete die OECD von mehr als 1.500 Morden an weißen Farmern.[388] In Simbabwe hingegen wurden seit dem Beginn der *Fast Track*-Reform bis zum September 2009 insgesamt 13 Morde an weißen Farmern gezählt.[389] Während die simbabwischen Enteignungen in der westlichen Öffentlichkeit als Desaster erscheinen, gibt es keine auch nur ansatzweise vergleichbare Empörung über die marktbasierte Agrarreform Südafrikas.

6 Die Agrarfrage

Regierungen, UN-Behörden und Entwicklungsagenturen betrachten die neue Welle von Landgeschäften grundsätzlich als Chance. Denn nun fließen Mittel in die lange vernachlässigte Landwirtschaft des Südens. Zwar gebe es durchaus Risiken wie die Verdrängung traditioneller Landnutzer oder Umweltschäden durch Intensivanbau, doch könnten Verhaltensrichtlinien, geschickte Vertragsverhandlungen und „inklusivere Geschäftsmodelle" dabei helfen, die Investitionen zum allseitigen Nutzen in gesittete Bahnen zu lenken.

Die zentrale Botschaft dieser Kreise ist einhellig: Der Strom ausländischer Direktinvestitionen aufs Land sei zu begrüßen, es gelte lediglich, die Risiken in Win-Win-Lösungen zu verwandeln. In den Empfängerländern böten die Kapitalzuflüsse Chancen durch Technologietransfer, Innovationen, Produktivitätszuwächse, Qualitätsverbesserungen und Beschäftigung. „Selbst ein größeres Nahrungsmittelangebot für den inländischen Markt und für den Export ist möglich", versichern die Experten der FAO.[390]

Nicht minder optimistisch geben sich ihre marktliberalen Kollegen bei der Weltbank: „Investitionen, die bisher unkultiviertes Land in Produktion bringen, können Jobs generieren und die lokalen Einkommen direkt und durch vor- und nachgelagerte Verknüpfungen mit den Märkten erhöhen." Auch sei es nur „natürlich", dass die unter- oder ungenutzten Flächen im Süden Begehrlichkeiten auswärtiger Investoren wecken.[391]

Mit Soft Law gegen Landraub

Die schärfste Waffe, die diese Experten derzeit empfehlen, um Landraub in segensreiche Investitionen zu verwandeln, sind freiwillige Leitlinien und Verhaltenskodizes. Sie wollen Glauben machen, Regierungen und Unternehmen würden sich an ihnen orientieren. Mehrere Organisationen umrissen bereits mögliche Bestandteile derartiger Richtlinien, darunter Weltbank, FAO und IFPRI. Für derlei Aktivismus haben sie – wenig erstaunlich – den Segen vieler Regierungen. So kündigten etwa die G8 bei ihrem Gipfel 2009 im italienischen L'Aquila an, dass sie „einen gemeinsamen Vorschlag über Prinzipien und ‚best practices' für internationale Agrarinvestitionen" entwickeln wollen.[392]

Treibende Kraft hinter der G8-Initiative war die japanische Regierung unter dem seinerzeitigen Ministerpräsidenten Taro Aso.[393] Wenige Tage vor dem Gipfel freilich erläuterte Aso, dass diese gemeinsamen Prinzipien „nicht bindend" sein sollen, damit sie „nützliche Investitionen" nicht behindern. Die Direktinvestitionen müssten als *Win-Win*-Situation" betrachtet werden, wofür die japanische Entwicklungshilfe ein gutes Beispiel sei: „Japans drei Jahrzehnte währende Kooperation mit Brasilien, um den Cerrado, eine semi-aride tropische Region Brasiliens, in eines der produktivsten Agrargebiete der Welt zu transformieren, ist vorausschauend und ein Meilenstein."[394] Die Schrumpfung der Cerrado-Vegetation, die grassierende Landlosigkeit und die enorme brasilianische Wohlstandskluft sucht man freilich vergeblich in Asos Eloge.

Die Afrikanische Union begann bereits 2006 gemeinsam mit der Afrikanischen Entwicklungsbank und der UN-Wirtschaftskommission für Afrika mit der Erarbeitung eigener Leitlinien für die Landpolitik (*Framework and Guidelines on Land Policy in Africa*). Doch entsprechend dem allgemeinen Trend zum *Soft Law* sind auch diese nur unverbindlich. Selbst wenn wider Erwarten irgendein Beamter tatsächlich einen Blick in dieses Papier werfen sollte, wird er dort eher Argumente für den Ausverkauf finden. So strotzen sie vor nebulösen Formulierungen, nach denen armutsorientierte Landentwicklung und marktgetriebene Optionen gegeneinander „ausbalanciert" werden müssten, und sie empfehlen die üblichen Rezepte aus der neoliberalen Küche wie die Förderung von Bodenmärkten und den „Transfer von Landrechten".[395]

Die FAO startete ebenfalls schon einen Konsultationsprozess zur Erarbeitung „freiwilliger Leitlinien" über den Zugang zu Land und anderen natürlichen Ressourcen (*Voluntary Guidelines on Responsible Go-*

vernance of Tenure of Land and other Natural Resources). An diesem Prozess beteiligen sich mehrere UN-Organisationen, die Weltbank, staatliche Entwicklungsagenturen sowie einige Nichtregierungsorganisationen. Zu den Finanziers gehören UN-Behörden, die finnische Regierung und die deutsche Gesellschaft für Technische Zusammenarbeit (GTZ).[396] Bis 2011 soll dieser Prozess so weit gediehen sein, dass die Leitlinien den Führungsgremien der FAO vorgelegt werden können. Ein Blick in das FAO-Diskussionspapier, das die wesentlichen Elemente umreißt, die die künftigen Leitlinien enthalten sollen, lässt jedoch wenig Gutes erwarten. Zwar sieht es durchaus den Schutz informeller und gemeinschaftlicher Landrechte vor, einschließlich jener von Pastoralisten und Wanderfeldbauern, den harten ökonomischen Kern aber bilden Maßnahmen einer beschleunigten Inwertsetzung der Böden und der im Untergrund schlummernden Rohstoffe.[397]

So sollen Regierungen aktuelle Register des Staatslands anlegen und „transparente Kriterien für die Identifizierung von Böden und natürlichen Ressourcen etablieren, die privatisiert werden können". Ebenso sollen sie transparente Verfahren für den „Transfer des Eigentums an diesen Ressourcen" und ein „förderliches Umfeld für den Privatsektor" schaffen. Unabhängig davon, ob sie überhaupt einverstanden mit derartigen Empfehlungen ist, wird von der Zivilgesellschaft erwartet, dass sie sich „an der Umsetzung der freiwilligen Leitlinien" und an „Partnerschaften" mit Staat und Privatsektor beteiligt.[398]

Daneben erwarten die Marktliberalen, derartige Leitlinien könnten zur Aushandlung vorteilhafter Investitionsverträge beitragen. Die Weltbank behauptet, „direkte Verhandlungen zwischen Gemeinschaften und potenziellen Investoren", ergänzt um Aufklärung und Trainings, könnten „zu Ergebnissen führen, die besser an die lokalen Bedingungen angepasst sind".[399] Ebenso meinen IIED, FAO und IFAD in einer gemeinsamen Studie, dass Informationen und Rechtsberatung den von Investitionsprojekten Betroffenen zu „einem besseren Deal" verhelfen würden. Entwicklungsagenturen und Nichtregierungsorganisationen weisen sie die Rolle zu, derlei Beratungsleistungen zu erbringen.[400]

Eine solche Überfrachtung des Aushandlungsprozesses aber nährt unrealistische Erwartungen über die Verhandlungsmacht von Kleinbauern, Indigenen und Hirten. Das enorme Machtgefälle zwischen Bauern und Konzernen lässt sich nicht einfach durch geschicktere Vertragsverhandlungen überbrücken. Auf der einen Seite finden sich

Familien, deren wesentliche Einkommensquelle und einzige soziale Sicherung ihre Parzelle Land ist, auf der anderen Seite Unternehmen, die über Ressourcen, Verhandlungsgeschick, politische Rückendeckung und Investitionsalternativen verfügen. Die Vorstellung von den „besseren Deals" antizipiert eine Ebenbürtigkeit der beiden Parteien, die erst nach einer tiefgreifenden Umwälzung der sozialen Verhältnisse überhaupt denkbar erscheint.

Auch sollte nicht unterschätzt werden, wie leicht Investoren in der Vergangenheit die Zustimmung von Familienoberhäuptern oder dörflichen Repräsentanten für die Überlassung von Land erhalten haben. Dabei existieren auch jenseits der rohen Gewalt oder der Bestechung subtilere Formen der Überzeugung, der Verführung oder des „sanften" Drucks, um ein Einverständnis zu erzielen, das den formalen Anforderungen freiwilliger Leitlinien genügen mag, sich für die Betroffenen aber nach einiger Zeit als überaus nachteilig erweisen kann. Viele Bauern haben keine Erfahrungen mit Investoren, schenken den Versprechungen Glauben und machen sich Illusionen. Mitunter werden sie in ihren Illusionen noch durch die Beratung von Agrarbehörden oder Entwicklungsagenturen bestärkt.

Zu Recht kritisierte der entwicklungspolitische Journalist Uwe Hoering diese „unverbindlichen und auslegungsfähig formulierten Richtlinien". Mit ihnen lässt sich die Verdrängung von Kleinbauern kaum verhindern. Für Investoren und Regierungen hätten sie den großen Vorteil, „dass es erstens Zeit dauert, sie zu verhandeln. Zweitens ist ihre Durchsetzung ein Prozess, der noch ungesicherter ist als die Nutzungsrechte kleinbäuerlicher Landwirtschaft." Hoerings Befürchtung: „Bis diese Richtlinien wirken – wenn überhaupt – gibt es keine Landrechte von Kleinbauern oder Hirtenvölkern mehr zu schützen."[401]

„Hart arbeitende Kleinbauern"

Die Marktliberalen stimmen mittlerweile auch darin überein, dass Großplantagen, Landkäufe oder langjährige Pachtverträge nicht in allen Situationen angemessen seien. Das Washingtoner Agrarinstitut IFPRI räumt offen ein, dass „großflächige Farmen oder Plantagen, die von ausländischen Arbeitskräften gemanagt werden, zum Verlust lokaler Landrechte führen und nur geringe Beschäftigungsmöglichkeiten für qualifizierte und unqualifizierte lokale Arbeitskräfte schaffen". Durch

Vertragslandwirtschaft dagegen könnten auch Kleinbauern von ausländischen Direktinvestitionen profitieren, ohne die Kontrolle über ihr Land zu verlieren – „ein Win-Win-Szenario für beide: lokale Gemeinschaften und ausländische Investoren".[402]

Ebenso sprechen sich IIED, FAO und IFAD für eine größere Spannbreite „innovativer Geschäftsmodelle" aus, „von dem ordentlich ausgehandelten Vertragsanbau mit Kleinproduzenten bis zu Joint Ventures (gemeinsame Teilhaberschaft) mit rechtlich anerkannten Community-Organisationen".[403] Es gebe einen großen Spielraum für Regierungen, „inklusivere Geschäftsmodelle unter Großinvestoren zu fördern."[404] Es mag vielleicht verwundern, aber auch der UN-Sonderbeauftragte für das Recht auf Nahrung, Olivier De Schutter, meint, dass den Interessen der lokalen Bevölkerung möglicherweise „besser durch Vertragsbauern-Modelle als durch die Etablierung von Plantagen gedient" sei. Im Gleichklang mit seinen UN-Kollegen empfiehlt er, dass Großinvestoren diese „inklusiveren Geschäftsmodelle" praktizieren sollten.[405]

Die Weltbank-Ökonomen schließlich liefern die dazu passende wissenschaftliche Entdeckung: den Produktivitätsvorteil von Kleinbauern. Investoren müssten keinerlei Profiteinbußen fürchten, denn empirische Untersuchungen aus aller Welt hätten gezeigt, „dass große Betriebe, die abhängig von angestellten Managern und Arbeitern sind, bezogen auf die Hektarfläche weniger produktiv sind als kleine Höfe, die von Familien gemanagt und mit familiärer Arbeit betrieben werden".[406]

Agrarökonomen diskutieren diese These unter dem Stichwort der sogenannten Diseconomies of Scale, das heißt sinkender statt steigender Größenvorteile in der Landwirtschaft. Mitunter sprechen Forscher auch von einer „inversen Beziehung zwischen Farmgröße und Produktivität". Diese These widerspricht der Annahme, mit der Betriebsgröße würden auch die Erträge steigen, etwa weil moderne Landmaschinen anwendbar werden. Die Ökonomen führen den von ihnen behaupteten relativen Produktivitätsvorteil kleinbäuerlicher Betriebe zumeist auf den größeren Arbeitseinsatz zurück. IFPRI-Forscher verweisen auf die „niedrigeren Transaktionskosten" von Kleinbauern, die aus ihrer „Selbstmotivation" und, da sie keine Angestellten haben, aus ihren „geringeren Überwachungskosten" resultieren.[407]

Für die Weltbank liegt die „wesentliche Quelle" des kleinbäuerlichen Produktivitätsvorteils „in dem größeren Anreiz" von Familien, „hart zu arbeiten".[408] Warum also sollten Agrarkonzerne diese hart arbeitenden

Maisbäuerin bei der Feldarbeit

Familien nicht zu ihrem Vorteil ausnutzen? Für die Kommerzialisierung der Landwirtschaft sei das Modell großer Plantagen nicht unbedingt erforderlich. Viele Plantagen-Kulturen könnten auch in den verschiedenen Formen der Vertragslandwirtschaft hergestellt werden.

In diesen Modellen pflanzen Kleinbauern auf eigenem Land *Cash Crops* für private Unternehmen. Meist liefern diese Saatgut, Dünger, Spritzmittel sowie Kredite, damit Bauern die Vorprodukte von ihnen kaufen können. Im Gegenzug nehmen die Firmen die Ernte ab, sollte diese ihren Anforderungen genügen. Je nach den Qualitätserfordernissen fällt die Anbaukontrolle unterschiedlich streng aus. Genügt die gelieferte Ernte nicht den Qualitätsanforderungen oder kommt es zu einem Ernteausfall, verschulden sich die Kleinbauern bei den Unternehmen oder den jeweiligen Kreditgebern. Sehr viele sind auf diese Weise in die Schuldenfalle geraten, verloren ihre Parzellen und endeten als Arbeiter auf dem Land, das ihnen einst gehörte. Nicht selten gibt es einen fließenden Übergang vom Vertragsanbau zur Schuldknechtschaft.

Im Ölpalmanbau in Indonesien etwa erfolgt der Vertragsanbau häufig im Nukleus-Modell. Um eine Palmplantage legt sich ein Ring von mehreren 2 bis 3 Hektar großen Parzellen, auf denen Kleinbauern Ölpalmen für die Plantage produzieren. Von ihr erhalten sie gegen Kredit Setzlinge und gegebenenfalls Dünger. Da die Ölpalmen eine drei- bis fünfjährige Wachstumsphase haben, verschulden sich die Familien in dieser Zeit zunehmend gegenüber der Plantage, an die sie ihre Parzellen im Gegenzug verpfänden. Die exakte Höhe ihrer Schulden ist ihnen mangels Belegen zumeist nicht bekannt. Weil sie ihre Ernte ausschließlich an die Plantage liefern dürfen, nimmt diese sich alle Freiheiten der Preisdrückerei mittels undurchsichtiger Abzüge, etwa für den Unterhalt von Wegen, für Sicherheitsleistungen oder bei Verfehlung intransparenter Qualitätskriterien.

Der produktive Zyklus der Ölpalmen dauert meist nicht länger als 20 Jahre, danach müssen die alten Bäume abgeschlagen und neue gepflanzt werden. In Ermangelung von Ersparnissen müssen die Bauern erneut Kredite aufnehmen, um die Kosten für Abholzung und den Kauf neuer Setzlinge zu tragen sowie das Überleben während der nächsten Wachstumsperiode zu sichern. Die indonesische Nichtregierungsorganisation *Sawit Watch* bestätigt, dass „die Bauern zu einem Leben in permanenter Verschuldung verdammt" seien.[409] In Indonesien müssen 4 bis 4,5 Millionen Kleinbauern und ihre Familien in dieser Form des Vertragsanbaus von Ölpalmen überleben. Stets laufen sie dabei Gefahr, verpfändetes Land zu verlieren.

Die Mitarbeiterin des UN-Forschungsinstituts für Soziale Entwicklung (UNRISD), Shahra Razavi, schreibt nicht zu Unrecht, dass die Entdeckung von Kleinbauern durch Neoliberale letztlich dazu dient, soziale Ungleichheit als Produktivkraft auszunutzen. Selbst wenn manche Befunde über die kleinbäuerlichen Produktivitätsvorteile zutreffen mögen, sei die behauptete Effizienz kleiner Höfe „eher ein Zeichen von Not und Überausbeutung der Familienarbeit, besonders der Arbeit von Frauen, denn einer technischen Überlegenheit". Erschwerend komme hinzu, dass die hierarchische Struktur von Märkten ausgeblendet werde.[410]

Tatsächlich erweist sich der Vertragsanbau, der auch bei Obst, Gemüse und Gewürzen anzutreffen ist, häufig nur als Zwischenschritt zur Konzentration. Viele Vertragsbauern können weder dauerhaft die Anforderungen von Händlern und Supermärkten erfüllen, noch der Konkurrenz von Großfarmen standhalten: Sie werden aus dem Markt geworfen.[411] Zwar verschafft die Vertragslandwirtschaft einzelnen Bauern ein Einkommen, sie ist aber keine Lösung für die Masse der ländlichen Armen. Dafür ist schon ihre geografische Reichweite zu beschränkt:

Meist konzentriert sie sich in der Nähe großer Städte oder wichtiger Straßen.

Die Weltbank ist selbst davon überzeugt, dass der Kommerzialisierungstrend anhält und zu weiterer Konzentration führt: „Der technische Wandel beschleunigt sich, Größenvorteile durch Mechanisierung steigen, Qualitätsstandards nehmen zu und die Rückverfolgbarkeit des Produkts bis zum Herstellerbetrieb wird immer wichtiger."[412] Die Intensivierung des Ackerbaus und die Kontrolle des Marktzugangs durch Handelsketten „können den Arbeitskraftvorteil der Kleinbauern umkehren oder irrelevant machen, und so zu einem potenziellen Niedergang der Familienlandwirtschaft führen".[413]

Auch das IFPRI meint, dass früher oder später die Zeit der Kleinbauern abläuft: „Kleine Farmen sind bei einer Landwirtschaft mit einfacher Technologie und niedrigen Arbeitskosten überlegen. Sobald sich aber die Wirtschaft entwickelt und Löhne und Kapitalintensität der Technologie steigen, werden größere Höfe vorteilhafter."[414] Die Effizienzvorteile von Kleinbauern treten nach diesem Verständnis nur in einem frühen Entwicklungsstadium auf. Sie sind vergänglich, ein reines Phänomen des Übergangs.

Die „Überflüssigen"

Eine Gruppe um die Entwicklungsforscher Deborah Bryceson und Kjell Havnevik konstatiert die „logische Inkonsistenz" der marktliberalen Strategie. Das vorgebliche Ziel der Armutsbekämpfung stehe im Widerspruch zu der Überzeugung, Kommerzialisierung sei die unvermeidliche Zukunft der Landwirtschaft. Hunderte Millionen von Kleinbauern seien aber überhaupt nicht in der Lage, auf den internationalen Agrarmärkten zu konkurrieren: Sie können weder die Produktivitätsanforderngen noch die Qualitätsstandards der internationalen Wertschöpfungsketten erfüllen. Die Weltbank stelle faktisch einen Freibrief für die massenhafte Freisetzung der Bauernschaft aus. Mit ihrem „Marktfundamentalismus" unterstütze sie unverhüllt ein *Survival of the Fittest*, bei dem subventionierte Großbauern der Industriestaaten, transnationale Supermarktketten und das Agrobusiness gegen Kleinbauern antreten.[415]

Der Verdrängungsprozess sei bereits so weit vorangeschritten, dass Gewohnheitsrechte, für deren Schutz sich jetzt auch Neoliberale aussprechen, vielfach gar nicht mehr der zentrale Punkt sind: „Kleinbauern wurden schon oder werden gegenwärtig in ökologisch ungünstige Regionen ausserhalb ihrer traditionellen Siedlungsräume abgedrängt", schreibt das Forscherteam. Und die Parzellen all jener, die noch nicht verdrängt wurden, seien häufig längst zu klein zum Überleben. Selbst Afrika, das im Unterschied zu Lateinamerika oder Südasien bisher weniger unter Landlosigkeit litt, verzeichne heute wachsende Zahlen von Landlosen, vor allem in Südafrika, Namibia, Kenia und der Elfenbeinküste.[416]

Die Verdrängung großer Teile der Bauernschaft ist freilich ein weltweiter Prozess, der sich in schrumpfenden Anteilen der Landwirtschaft an Wertschöpfung und Beschäftigung niederschlägt. Weit fortgeschritten in Industriestaaten, hinkt er in Schwellen- und Entwicklungsländern hinterher. Dabei gibt es jedoch einen wichtigen Unterschied: Während das „Höfesterben" in Industriestaaten mit einem Strukturwandel einherging, der Beschäftigungsalternativen für die freigesetzte Bauernschaft in Industrie und Dienstleistungen schuf, blieben diese Alternativen im Süden weit hinter dem erforderlichen Bedarf zurück. Selbst „aufstrebende Märkte", wie die als Erfolgsmodelle gefeierten südostasiatischen „Tigerstaaten", waren nicht in der Lage, hinreichende Einkommensmöglichkeiten für ihre Landbevölkerung zu schaffen. Noch viel weniger gelang dies den meisten Staaten Subsahara-Afrikas, in denen die von der Entwicklungstheorie unterstellte Transformation von der Landwirtschaft zur Industrie ohnehin auf sich warten lässt.

Nüchtern konstatiert die Mitarbeiterin des Forschungsinstituts UNRISD, Shahra Razavi: „Was bei Entwicklungsländern heute ins Auge fällt, ist das geringe Ausmaß, in dem kapitalistische Industrialisierung – selbst dort, wo sie voranschreitet – Arbeitskräfte absorbieren kann." Ärmere Staaten „stehen heute weit größeren Hindernissen für eine umfassende Industrialisierung und entsprechende Generierung industrieller Beschäftigung gegenüber als die fortgeschrittenen Industrieländer in der Vergangenheit."[417]

Der ägyptische Entwicklungstheoretiker Samir Amin nennt zwei Gründe, warum die massenhafte Absorption von Arbeitskräften, die während der industriellen Revolution in Europa erfolgte, in der heutigen Peripherie so kaum noch möglich ist: „Der erste ist, dass sich das europäische Modell über eineinhalb Jahrhunderte mit arbeitsintensiven industriellen Technologien entwickelte. Moderne Technologien jedoch verwenden weit weniger Arbeitskraft und die Newcomer der Dritten Welt müssen diese übernehmen, wenn ihre Industrieexporte auf den globalen Märkten wettbewerbsfähig sein sollen. Der zweite Grund ist, dass Europa während dieses langen Übergangs von der massenhaften Emigration seiner Überschussbevölkerung nach Amerika profitierte."[418] In der Anfangsphase vermochte die kapitalistische Expansion viele Menschen zu beschäftigen. „Aber heute, in den bäuerlichen Gesellschaften der Dritten Welt, schließt sie große Mengen von Menschen aus, während sie nur relativ wenige integriert." Der Kapitalismus löse die „Agrarfrage" in den Zentren, „indem er eine gigantische Agrarfrage in den Peripherien erzeugte". Die Wettbewerbslogik laufe auf ein Szenario hinaus, in dem „die heute von drei Milliarden Kleinbauern produzierten Nahrungsmittel künftig von 20 Millionen modernen ‚Farmern' hergestellt werden können".

Was aber geschieht mit den Abermillionen an freigesetzten Menschen, die großteils bereits zu den Ärmsten den Armen gehören? Laut Amin kann selbst unter der optimistischen Annahme einer über die nächsten 50 Jahre andauernden industriellen Entwicklung mit kontinuierlichen Wachstumsraten von sieben Prozent nicht einmal ein Drittel dieser Arbeitskraftreserve beschäftigt werden. Daher gehe die globalisierte Nahrungsmittelproduktion durch moderne wettbewerbsfähige Farmer Hand in Hand „mit der Marginalisierung, dem Ausschluss und der weiteren Verarmung der Mehrheit der drei Milliarden Bauern der Dritten Welt und schließlich ihrer Abschiebung in irgendwelche Formen von Reservaten".[419]

Bereits seit den 1980er Jahren beschleunigten Weltbank und IWF mit ihren Strukturanpassungsprogrammen radikal die Verdrängung der Bauernschaft in den Schuldnerländern des Südens. Erzwungene Privatisierungen staatlicher Vermarktungsbehörden, Abbau von Subventionen, Vormarsch der Exportplantagen sowie Marktöffnungen, die zu Importfluten subventionierter Nahrungsmittel aus dem Norden führten, forcierten die Verdrängung der familiären Landwirtschaft in Ungunsträume und die anhaltende Landflucht. Da die Industrie – wo es sie gab – nicht ansatzweise die freigesetzten Bauern aufnehmen konnte, verschärfte sich der Überlebenskampf der auf dem Lande zurückbleibenden Familien.

Sie wurden gezwungen, vielfältige Formen der Existenzsicherung neben der häuslichen Landwirtschaft zu betreiben. Männer, Frauen und Kinder sind seither auf der ständigen Suche nach zusätzlichen Erwerbsmöglichkeiten, sei es Lohnarbeit inner- oder außerhalb der Landwirtschaft, seien es diverse „selbständige" Tätigkeiten wie der Handel oder

der Straßenverkauf. Häufig kommt die Migration hinzu, um auf Farmen, in Minen oder im informellen Sektor der Städte saisonal oder längerfristig zu arbeiten. In den besonders prekären Beschäftigungsverhältnissen erfolgt die „Entlohnung" nur teilweise in Geldform. Auf Plantagen, in Werkstätten und im Bergbau ist die anteilige oder ausschließliche Bezahlung in „Naturalien" wie Unterkunft oder Verpflegung noch immer anzutreffen; der Übergang zu sklavenähnlicher Beschäftigung ist häufig fließend.

Trotz der Prekarität aber empfinden viele der Betroffenen, vor allem Frauen, die Arbeitserfahrungen fern des patriarchalen Haushalts oder der feudalistischen Dorfstrukturen auch als befreiend. Selbst wenn sie in der dörflichen Familie verbleiben, verbessern Frauen durch das Arbeitseinkommen mitunter ihren Status im eigenen Haushalt und damit ihren individuellen Handlungsspielraum.

Das in diesem Zusammenhang herausragendste Moment dieser prekären Überlebensstrategien ist aber ein anderes: Trotz der zunehmenden Verbreitung von Geldeinkommen versuchen die Haushalte, die eigene Landwirtschaft aufrecht zu erhalten. Die Gruppe um Havnevik und Bryceson verweist auf das unveränderte Bemühen afrikanischer Familien, „soweit wie möglich die Selbstversorgung mit Grundnahrungsmitteln zu erreichen, damit sie nicht von Nahrungsmittelkäufen abhängig werden". Die Familien streben nach einer Balance zwischen der Subsistenz und dem Markteinkommen, „sodass der Haushalt immer ersatzweise auf die Subsistenz zurückgreifen kann, falls irgendeine der Tätigkeiten des Gelderwerbs versagt".[420]

Genau hierin liegt die unverändert große Bedeutung der Verfügung über Land. Sie bleibt bis auf Weiteres für Hunderte Millionen von Kleinbauern völlig unverzichtbar, weil es weder dauerhafte Einkommensalternativen, noch hinreichende Sozialsysteme gibt, die das Überleben garantieren. Das eigene oder das kollektiv mit anderen Familien bewirtschaftete Land ist die letzte Versicherung, falls alle erwerbswirtschaftlichen Stricke reißen. Die Subsistenzlandwirtschaft ist einerseits die Basis, von der ausgehend Erwerbsalternativen ausprobiert werden können, andererseits der Rückzugsraum im Fall des Scheiterns der Marktexperimente.

Wie wichtig der rettende Hafen der Subsistenz selbst in stärker industrialisierten Schwellenländern noch immer ist, zeigte das Beispiel Thailands (siehe Kapitel 4). Die teilweise Kommerzialisierung der Landwirtschaft und der Einstieg einzelner Bauern in die *Cash Crop*-Produktion schuf viel zu wenige Einkommensmöglichkeiten, um den allgemeinen Arbeitsplatzmangel ausgleichen zu können. Trotz der stärkeren Industrialisierung Thailands im Vergleich zu anderen Entwicklungsländern, bleibt die Subsistenzlandwirtschaft bis auf Weiteres eine unverzichtbare Basis der Reproduktion für den Großteil der ländlichen Armen.

Aus diesem Grunde aber sind auch für andere Entwicklungsregionen ganz andere Schlüsse zu ziehen als jene der Marktfundamentalisten. Kommerzialisierung der Landwirtschaft ist offensichtlich ein Minderheitenprojekt. Wenn das Ziel Armutsbekämpfung wäre, bedürfte es einer überzeugenden Strategie für die große Masse der ländlichen Armen. Was die wirtschaftsliberalen Entwicklungsexperten aber vorlegen, ist das genaue Gegenteil: Die beschleunigte Einbindung eines Teils der Kleinbauern in die globalen Wertschöpfungsketten des Agrobusiness und damit ihre Auslieferung an einen Wettbewerb, dem nur eine Minderheit von ihnen standhalten kann. Ein anderer kleiner Teil der Freigesetzten soll sich zu prekären Bedinungen auf den Plantagen verdingen. Für die große Masse der Bauernschaft aber haben sie gar nichts zu bieten: Hinreichende Beschäftigungsalternativen in der Industrie oder in modernen Dienstleistungssektoren sind weder in den aufstrebenden Ökonomien Asiens oder Lateinamerikas noch in Subsahara-Afrika vorhanden.

Mittlerweile sind sich aber auch die Neoliberalen bewusst, dass ihr Vorgehen eine „Überschussbevölkerung" produziert, die weder in der kommerziellen Landwirtschaft überleben kann, noch mangels städtischer Jobs den ruralen Exodus antritt. Das Team um Havnevik und Bryceson bringt auf den Punkt, was die modernisierte Kommerzialisierungsstrategie heute für die ländlichen Massen vorsieht: „Sozialschutz statt ökonomische Entwicklung."[421]

Vor diesem Hintergrund bekomme der jüngste Schwenk der Entwicklungsagenturen mit ihrer Betonung sozialer Sicherheitsnetze und der Anerkennung des Gewohnheitsrechts erst seinen zynischen Sinn. Die „Überschussbevölkerung" werde abgeschoben in eine prekäre Subsistenz auf unwirtlichem Stammesland, ähnlich den südafrikanischen Homelands während der Apartheid-Ära, den Bantustans. Dort müsse sie ein kümmerliches Dasein auf Grundlage einer hoffnungslos unterkapitalisierten Landwirtschaft mit niedrigsten Erträgen fristen. Ihr soziales Zusammenleben werde wie in den Homelands durch „konservatives tribalistisches Gewohnheitsrecht" geregelt.[422]

Die anschwellende Welle von Landgeschäften lässt befürchten, dass sich dieser Verdrängungsprozess noch beschleunigt. Das düstere Szenario eines faktischen Wiederauflebens von Reservaten oder Homelands, wie es schon Samir Amin entwarf, gewinnt an Kontur. Abgedrängt in die ödesten Regionen dürfen die „Überflüssigen" weiterhin in vorkolonialen Produktionsstrukturen kümmerliche Böden beackern und können bestenfalls auf minimale Sozialtransfers hoffen. In den modernisierten Kommerzialisierungsansätzen ist diese perverse „Lösung der Bauernfrage" bereits angelegt. Dies aber birgt zweifellos das Risiko, dass die Landfrage noch häufiger als bisher Gewaltkonflikte zum Ausbruch bringt oder laufende Konflikte verlängert und verschärft.

Eine solche Massenabschiebung der Bauernschaft in die Prekarität zu vermeiden, würde eine deutliche Entschleunigung, wenn nicht eine Umkehr, ihrer Auslieferung an den globalen Markt erfordern. Agrarreformen müssten ihren Fokus auf die „unternehmerisch" gesonnene Minderheit von Entrepreneuren aufgeben und stattdessen durch umfassende Umverteilung von Boden und Ressourcen die Lebensbedingungen der verarmten Massen verbessern. Eine Refokussierung auf ländliche Armutsbekämpfung wäre solange erforderlich, wie die industrielle Entwicklung weder quantitativ noch qualitativ hinreichende Erwerbsalternativen erzeugt.

Die Verknappungsphänome wie schrumpfende Parzellen oder degradierte Böden zeigen aber auch, dass eine umverteilende Agrarreform allein heute in vielen Ländern nicht mehr reicht. Der simbabwische Agrarforscher und leidenschaftliche Befürworter radikaler Bodenreformen, Sam Moyo, weist unmissverständlich auf deren Grenzen hin. Auch bei fortgesetzter Umverteilung werden in Simbabwe nicht mehr alle Landlosen in den Genuss eines eigenen Grundstücks kommen können, „weil die endliche Landverfügbarkeit die Größe der Parzellen begrenzt". Die Höfe werden zu klein, um auf ihnen den Lebensunterhalt bestreiten zu können.[423] Reproduktionsmöglichkeiten jenseits der Landwirtschaft sind daher nicht nur in Simbabwe, sondern auch in vielen anderen Ländern erforderlich.

Der anhaltende Verlust fruchtbaren Bodens, der sich durch die industrielle Landwirtschaft erheblich beschleunigt, verdeutlicht daneben, dass man diese kostbare Ressource kaum weiterhin der privaten Vernutzung durch Großagrarier und Konzerne überlassen darf – zumindest dann nicht, wenn man sie erhalten will. Das Privateigentum an Boden und die „flexiblen Landmärkte", die die Marktradikalen so vehement einfordern, ermöglichen bisher weder die gerechte Nutzung noch den effektiven Schutz von Feldern und Weiden. Privatisierter Boden erweist sich als eine permanente Quelle des Konflikts, weil er die Bedürftigsten von der Nutzung ausschließt. Landmärkte, die den Boden in eine beliebige Ware verwandeln und zu den „produktivsten" Nutzern wechseln lassen, sind das Medium seiner Überausbeutung: Die Weltmarktkonkurrenz verleitet profitmaximierende Bauern zu seiner Plünderung. Wollte man Äcker und Weiden ernsthaft schützen und zugleich gerecht nutzen, müsste man sie in Gemeingüter verwandeln. Das wiederum würde eine gesellschaftliche Aneignung des Landes und eine demokratisch kontrollierte Bodenordnung erfordern.

ENDNOTEN

[1] Aquila Capital 2009.
[2] IFPRI 2009, Annex.
[3] Siehe Kapitel 3.
[4] SA farmers sign Congo land deal. Reuters, 21.10.2009.
[5] Die große Jagd nach Land. Der Spiegel, 31/2009, S. 86-90.
[6] Indonesia: Binladin freezes plan to invest in local rice. IRRI Rice News Worldwide, 4.3.2009.
[7] Cambodia debates merits of land sales. The National, 31.5.2009.
[8] Es ist allerdings umstritten, welche Rolle die einzelnen Faktoren bei dem Preisauftrieb spielten. Ausführlicher: Fritz 2008a.
[9] World Bank 2008a.
[10] FAO 2009.
[11] Saudis set aside $800m for foreign food. Financial Times, 14.4.2009.
[12] IISD 2009, S. 8.
[13] Kenya: Fears over new land deal. IPS, 6.7.2009.
[14] Siehe Fritz 2007.
[15] Derzeit laufen intensive Verhandlungen, um die „Reduzierung der Emissionen aus Entwaldung und Degradierung" (REDD – Reduction of Emissions from Deforestation and Degradation) in ein neues Klimaabkommen – das Kyotoprotokoll läuft 2012 aus – zu integrieren.
[16] Siehe IFPRI 2008.
[17] OECD/FAO 2009, S. 55.
[18] Substantial Progress at Lonrho Agriculture. Pressemitteilung, Lonrho, 13.1.2009.
[19] Delta project reignites land rights battle. SAPA-AFP, 7.8.2009.
[20] Rains Arrive in Kenya But Food in Short Supply. World Food Programme, 27.10.2009.
[21] Custodian of the Two Holy Mosques Receives Minister of Commerce and Industry. Pressemitteilung, 26. Januar 2009, Ministry of Foreign Affairs, Kingdom of Saudi-Arabia.
[22] Hunger Lingers in Horn of Africa Despite Rains. World Food Programme, 27.10.2009.
[23] World Bank 2008b.
[24] UNDP/FAO 2007, S. 3.
[25] FAO 2003, S. 127, sowie Bruinsma 2009, S. 9.
[26] Bruinsma 2009, S. 11.
[27] Ebd.
[28] FAO 2003, S. 132.
[29] Bruinsma, S. 10.
[30] Christanty (1986) zitiert eine Schätzung von Ende der 1970er Jahre, wonach die Zahl der Wanderfeldbau betreibenden Menschen damals mehr als 250 Millionen betragen habe. Das französische Institut für Entwicklungsforschung gibt in einer aktuellen Veröffentlichung die Zahl mit 200 bis 500 Millionen an. Siehe: IRD 2008.
[31] In der angelsächsischen Literatur wurde diese Praxis daher in der Vergangenheit oft „slash and burn" genannt. Gebräuchlicher ist heute aber die Bezeichnung „shifting cultivation" oder „swidden".
[32] OECD/FAO 2009, S. 55.
[33] FAO 1957.
[34] FAO 1984/85.
[35] Seidenberg et al. 2003, S. 71.

[36] Zitiert in: Ickowitz 2004, S. 27.
[37] Ebd., S. 26.
[38] Nori et al. 2008, S. 5.
[39] WISP 2006, S. 6.
[40] Zitiert in: Simel 2003, S. 3.
[41] Markakis 2004.
[42] Ebd.
[43] Mérega et al. 2006, S. 11.
[44] WISP 2006, S. 9.
[45] Ebd.: S. 23.
[46] OECD/FAO 2009, S. 56.
[47] Ebd., S. 72.
[48] Bruinsma 2009, S. 15.
[49] FAO 2006: S. xii ff.
[50] FAO 2003, S. 135.
[51] United Nations 2009.
[52] UNEP 2007, S. 208.
[53] World Bank 2007a, S. 85ff.
[54] Ebd.
[55] Hazell et al. 2007, S. 11.
[56] World Bank 2007a, S. 87.
[57] Hazell et al. 2007, S. 2.
[58] Ebd., S. 1.
[59] World Bank 2007a, S. 90ff.
[60] Ebd., S. 86f.
[61] Hazell/Wood 2008, S. 496.
[62] OECD/FAO 2009, S. 54.
[63] UNEP 2007, S. 92f, sowie FAO 2003, S. 341f.
[64] UNEP 2007, S. 95.
[65] FAO 2003, S. 343.
[66] UNEP 2007, S. 97.
[67] Ebd., S. 130.
[68] Kerr 2009.
[69] FAO 2003, S. 346.
[70] Ebd., S. 137f.
[71] Ebd., S. 347.
[72] Ebd., S. 343.
[73] UNEP 2007, S. 106ff; FAO 2003, S. 345.
[74] IPCC 2007.
[75] Der globale Kohlenstoffzyklus ist durch die hohe CO_2-Konzentration in der Atmosphäre in starkes Ungleichgewicht geraten. Nach neueren Schätzungen stammen rund 85 Prozent der Kohlendioxid-Emissionen aus der Verbrennung fossiler Energieträger, 15 Prozent aus Veränderungen der Landnutzung. Siehe: University of Copenhagen 2009, S. 11.
[76] University of Copenhagen 2009, S. 8ff.
[77] UNEP 2007, S. 127.
[78] IPCC 2007.
[79] Die Studie legt eine durchschnittliche Temperaturerhöhung von 3 Grad zugrunde. Dabei ist berücksichtigt, dass die Erwärmung der Lufttemperatur über der Landoberfläche um rund die Hälfte höher ist als über der Ozeanoberfläche. Für die Landwirtschaft führt der Klimawandel zu einem höheren relevanten Temperaturanstieg als es in den Zahlen über die Durchschnittstemperatur unter Einschluss der Ozeane zum Ausdruck kommt. Siehe: Cline 2007, S. 41.
[80] Cline 2007, S. 23f.

[81] Ebd., S. 97.
[82] Von 1910 bis 1945 war Korea japanisches Protektorat. Die Japaner führten eine Bodenreform durch, in deren Verlauf ein großer Teil der koreanischenGroßgrundbesitzer und der Kleinbauern ihr Land verloren. Die Kolonialregierung verkaufte die Böden billig an japanische Siedler und Unternehmen, damit diese Reis für den Export nach Japan anbauen konnten. Siehe: Park/Green 1993.
[83] *Daewoo to cultivate Madagascar land for free.* Financial Times, 19.11.2008.
[84] *Madagascar, la braderie de l'île.* Libération, 24.2.2009.
[85] *Daewoo to cultivate Madagascar land for free.* Financial Times, 19.11.2008.
[86] Siehe: *World Food Programme*: www.wfp.org/countries/madagascar
[87] *Daewoo to cultivate Madagascar land for free.* Financial Times, 19.11.2008.
[88] SeFaFi 2008.
[89] Siehe: Pressemitteilung von *Daewoo Logistics Corp*, Antananarivo, 21.11.2008, www.maep.gov.mg/dossiers.html
[90] *Madagascar, l'affaire Daewoo confirmée.* La Vérité, 16.12.2008 ; Collectif pour la Défense des Terres Malgaches 2009a; SeFaFi 2008.
[91] Moncel 2009.
[92] Ebd.
[93] MAP 2006, S. 64.
[94] Die Weltbank unterstützte die Erarbeitung und die Umsetzung des madagassischen Aktionsplans. Sie und ihre Privatsektor-Tochter, die *International Finance Corporation*, führen mit der EDBM ein Programm zur Reform des „Investitionsklimas" durch. Siehe: *Country Brief*: http://go.worldbank.org/D41QD46W10
[95] Presidency of the Republic 2008.
[96] IFAD 2006.
[97] Ebd., S. 12.
[98] *Daewoo to cultivate Madagascar land for free.* Financial Times, 19.11.2008.
[99] Seit 2007 gilt in Madagaskar eine neue Territorialordnung, die die Insel anstelle von 6 Provinzen in nunmehr 22 Regionen aufteilt. Toamasina ist die zweitgrößte Stadt des Landes mit einem bedeutenden Hafen.
[100] *Madagascar, l'affaire Daewoo confirmée.* La Vérité, 16.12.2008.
[101] *Madagascar, la braderie de l'île.* Libération, 24.2.2009.
[102] *Madagascar, l'affaire Daewoo confirmée.* La Vérité, 16.12.2008.
[103] *Madagascar, la braderie de l'île.* Libération, 24.2.2009.
[104] Collectif pour la Défense des Terres Malgaches 2009a.
[105] Im Rahmen des MCC-Projekts wurden das Finanzmanagement und die Durchführung von Ausschreibungen an die GTZ übertragen. Auf diese Weise umgingen die Entwicklungsagenturen das staatliche Ausschreibungswesen Madagaskars. Siehe: Lucas 2006.
[106] MCC 2005.
[107] Ebd.
[108] Siehe : www.mca-mada.org
[109] SeFaFi 2008, S. 2.
[110] Ebd., S. 3.
[111] Dabat/Razafimandimby 2005.
[112] Collectif pour la Défense des Terres Malgaches 2009b.
[113] *Daewoo Logistics goes bankrupt.* Fairplay Shipping News, 6.7.2009; *Daewoo Logistics in receivership.* Financial Times, 7.7.09.
[114] *Daewoo Logistics to lose millions after Madagascar coup.* Business Asia Today, 19.3.2009.
[115] *Les terres inaccessible aux étrangers.* L'Express de Madagascar, 19.8.2009.
[116] *Varuns* Gegenleistungen für Ravalomananas Zustimmung sollen Zahlungen an die persönliche Stiftung des Präsidenten, verbilligte Lieferungen von Waren an seine Tiko-Gruppe und von Reissaatgut an seine eigenen Betriebe gewesen sein. Siehe: *A Madagascar, une*

société indienne compte louer près de 500.000 hectares. Le Monde, 21.3.2009.
[117] *Madagascar: accord entre les mouvances politiques sur le partage de pouvoir.* AFP, 7.11.2009.
[118] *Still sound reasons to cultivate agriculture.* Sophia Grene, Financial Times, 26. April 2009.
[119] *No matter how bad things get, people still need to eat.* The Economist, 19. März 2009.
[120] *Still sound reasons to cultivate agriculture.* Sophia Grene, Financial Times, 26. April 2009.
[121] Knight Frank/Citi Private Bank 2009, S. 33.
[122] *Still sound reasons to cultivate agriculture.* Sophia Grene, Financial Times, 26. April 09.
[123] Helmers 2001.
[124] FAO 2003b, S. 19f.
[125] *African Agricultural Land Fund launch.* HedgeCo.net, 1.9.2008.
[126] *Emergent News,* März 2008. http://www.eaml.net/content/default.asp?PageID=304
[127] *Africa investment sparks land grab fear.* BBC News, 5.8.2009.
[128] *Leading Experts to Speak at Global AgInvesting 2009 Conference in New York.* Pressemitteilung, Soyatech, 11.5.2009.
[129] Payne 2008.
[130] *Schroders Plans to Raise $480 Million for Global Farmland Fund.* Bloomberg, 15.8.2006.
[131] *Insight to launch credit and farmland funds.* FT Investment Adviser, 15.9.2008
[132] Siehe: www.rabobank.com
[133] Siehe: www.adecoagro.com
[134] *Soros invests US$900 million in Brazilian biofuels, calls on US, EU to end tariffs.* Biopact, 6.6.2007. Soros' Firma, *Soros Fund Management*, erwarb zahlreiche Energie- und Agrar-Aktien. Das Portfolio soll zu knapp 20 Prozent aus Aktien des staatlichen brasilianischen Ölkonzerns Petrobrás bestehen, der zugleich den brasilianischen Ethanolvertrieb kontrolliert. Daneben hält Soros' Fonds ein beträchtliches Aktienpaket des größten Düngemittelherstellers der Welt, der kanadischen *Potash Corp.* Siehe: *George Soros Loves Petrobras, Bullish on Brazil, Ethanol.* Ethablog, 7.4.2009.
[135] Siehe: www.cruim.com
[136] *Cru Investment Management looks to the UAE to offer ethical funds.* AME Info, 20.9.2008, http://www.ameinfo.com/169203.html
[137] Aquila Capital 2009, S. 3.
[138] *Terras Agricolas – Terras brasileiras tornam-se novo filão.* Valor Econōmico, 28.8.2008. DWS Global. *Semiannual Report 2008.*
[139] *Por la revancha: agropecuarias argentinas se expanden en Brasil.* IEco, 28.5.2008, www.clarin.com
[140] *Black Earth Farming announces managment changes.* Press Release, St. Helier, Jersey, 4.8.2009. Siehe auch: www.blackearthfarming.com
[141] Siehe: www.wilmar-international.com/business_plantations.htm
[142] Milieudefensie et al. 2007.
[143] Eine *Deutsche Bank*-Abteilung von Hedge Fonds-Managern, das *Equity Special Situations*-Team, wurde 2004 umbenannt und auf die formal unabhängige Plattform *Altima Partners LLP* ausgelagert. Dennoch setzte sich eine enge Arbeitsteilung fort, bei der die *Deutsche Bank* wichtige Funktionen für *Altima Partners* übernimmt, etwa als Broker und als Verkäufer die *Altima*-Fonds. Vgl.: Deutsche Bank 2004.
[144] *IFC's Largest Equity Investment in Agribusiness to Increase Global Food Supply.* IFC, Pressemitteilung, Washington, 12.2.2009, www.ifc.org
[145] *IFC to invest in new agribusiness fund.* Reuters, 12.2.2009.
[146] *Rising Food Prices: IFC's response.* IFC News, 30.7.2008.
[147] *Altima Partners* ist u.a. an dem britischen Agrarunternehmen *Spear-head International Ltd* beteiligt, das Höfe mit rund 50.000 Hektar in Polen, Rumänien und der Tschechischen Re-

publik besitzt. Der Geschäftsführer von *Altima Partners*, John Webster, sitzt im Vorstand von *Spearhead*. Siehe: *New Investor & Strategic Partner*, Spearhead International, Announcement to Shareholders, 19.12.2007.
[148] *El Tejar quer engrossar lista de BDRs*. Gazeta Mercantil, 17.9.2008. *Inyección de 150 M/u$s en El Tejar*. Infocampo, 29.8.2008.
[149] Siehe: www.eltejar.com
[150] *Agri-Vie bullish on farming in Africa*. Business Report (South Africa), 30.3.2009.
[151] *AfDB promotes agribusiness investment funds. Equity participation of USD 15 million in Agribusiness Investment Fund (Agri-Vie Fund MPCC)*. African Development Bank, Tunis, 28.1.2009.
[152] Die globalen Geschäfte des Konzerns sind integriert unter dem Dach einer Holding mit Sitz in den Niederlanden: *Louis Dreyfus Commodities BV*.
[153] Die *American International Group* (AIG) geriet während der Finanzkrise ins Straucheln, erhielt von der US-Regierung eine Finanzspritze von 170 Mrd. US-Dollar und machte kurz danach mit großzügigen Bonuszahlungen an seine Manager Schlagzeilen.
[154] *AIG Investments invests in Calyx Agro*. Reuters, 12.5.2008.
[155] *Terras Agricolas – Terras brasileiras tornam-se novo filão*. Valor Econômico, 28.8.2008.
[156] Ferreira 2009, Folie 25.
[157] *ADM to Acquire Shares in Wilmar International Ltd*. Pressemitteilung, ADM, 14.12.2006, www.adm.com
[158] Siehe: Rainforest Action Network. http://action.ran.org/index.php/ADM
[159] GRAIN 2007, S. 17.
[160] Siehe: Milieudefensie et al. 2007.
[161] Tauli-Corpuz/Tamang 2007.
[162] *Lonrho. Annual General Meeting 2009*. Präsentation.
[163] *Substantial Progress at Lonrho Agriculture*. Pressemitteilung, *Lonrho*, 13.1.2009. www.lonrho.com
[164] *Comunicado ao Mercado*. Pressemitteilung, *COSAN*, 28.8.2008, www.cosan.com.br
[165] *Cosan prepara abertura de nova empresa*. Exame, 15.2.2008.
[166] EBRD/FAO 2008, S. 2.
[167] Rylko 2008.
[168] Lissitsa 2009.
[169] EBRD/FAO 2009, S 7.
[170] *Black Earth Farming announces managment changes*. Press Release, St. Helier, Jersey, 4.8.2009. Siehe auch: www.blackearthfarming.com
[171] Die Finanzkrise und die Kreditklemme zwingen das Unternehmen allerdings zu Kosteneinsparungen. Aus diesem Grund baut es Personal ab und plant, einen Teil der Ländereien wieder abzustoßen. 75.000 Hektar will es jedoch behalten. Siehe: *Landkom cuts 30 pct of staff in Ukraine; to sell land*. Reuters, 21.1.2009.
[172] *Bread Basket: In Ukraine, Tiny Plots Of Farmland Spur Big Bet*. Wall Street Journal, 12.5.2008.
[173] *Sunfuel signs Initial Cooperation Agreement with AIM listed Landkom International plc*. Pressemitteilung, Sunfuel, 13.7.2009.
[174] GRC 2008.
[175] *Agriculture: Shifting to a sustainable strategy*. Middle East Business Intelligence, MEED, 14.3.2008.
[176] GRC 2008.
[177] *Agriculture: Shifting to a sustainable strategy*. Middle East Business Intelligence, MEED, 14.3.2008.
[178] *Custodian of the Two Holy Mosques Receives Minister of Commerce and Industry*. Pressemitteilung Ministry of Foreign Affairs, Kingdom of Saudi Arabia, 26.1.2009.
[179] *SR3b bid for food security*. Saudi Press Agency, 14.4.2009.

[180] *Saudis set aside $800m for foreign food.* Financial Times, 14.4.2009.
[181] *SR3b bid for food security.* Saudi Press Agency, 14.4.2009.
[182] *Saudi investors to put $100 mln into Ethiopia farm.* Reuters, 6.4.2009.
[183] *Saudi Arabia looks to foreign farmland to feed itself.* Dawn (Pakistan), 26.4.09.
[184] *Saudi's Hadco Eyes Sudan, Turkey in Food Security Push.* Reuters, 17.2.2009.
[185] *Saudis invest $1.3 billion in Indonesian agriculture.* Reuters, 24.3.09.
[186] *Saudi request for 500.000 hectares.* The Citizen Newspaper, 17.4.2009.
[187] *Al Qudra Holding in a major land acquisition push.* Emirates News Agency, 27.8.2008.
[188] Abu Dhabi ist das größte der sieben Emirate der Vereinigten Arabischen Emirate.
[189] *Abu Dhabi looks to Sudan to secure food supply.* Financial Times, 3.6.2008.
[190] GRC 2008, S. 20.
[191] *UAE investors buy Pakistan farmland.* Financial Times, 11.5.2008.
[192] *Emirates Investment Group to buy Pakistan farmland.* Reuters, 28.4.2009.
[193] *Abu Dhabi looks to Sudan to secure food supply.* Financial Times, 3.6.2008.
[194] *Remarks at the Arab Economic Summit.* Robert B. Zoellick, World Bank Group, Kuwait, 19.1.2009.
[195] Über ähnliche Kenntnisse verfügen daneben der Internationale Währungsfonds und die Regionalen Entwicklungsbanken.
[196] *UN warns of food 'neo-colonialism'.* Financial Times, 18.8.2008.
[197] *Region gains an appetite for Africa.* Middle East Business Intelligence, 14.11.2008.
[198] Ebd.
[199] Ebd.
[200] GRAIN 2009.
[201] USDA 2009.
[202] Berry 2003.
[203] *Bridging the gap.* China Daily, 10.11.2008.
[204] Berry 2003.
[205] *Soil erosion threatens land of 100m Chinese, survey finds.* Guardian, 21.11.08.
[206] IWMI 2005.
[207] Berry 2003.
[208] *40% of China's territory suffers from soil erosion.* Xinhua News Agency, 21.11.2008.
[209] Anders als westliche Medien gelegentlich kolportieren, fordern chinesische Bauern dabei meist aber nicht die Privatisierung des Bodens, um ihn selbst verkaufen zu können, sondern sie verteidigen den Kollektivbesitz an Land. Siehe: Austin 2008.
[210] FAO 2009c.
[211] Berthelot (2008) verweist in diesem Zusammenhang zu Recht auf die erheblichen Diskrepanzen in den Handelsstatistiken internationaler Organisationen, die u.a. der Konstruktion unterschiedlicher Güterklassen geschuldet sind.
[212] European Commission 2008.
[213] Ray 2007.
[214] Berthelot (2008, S. 20f.) macht darauf aufmerksam, dass entgegen mancher US-amerikanischer und europäischer Statistiken die EU, und nicht China, der größte Sojaimporteur ist. Im Unterschied zu China führt die EU nicht nur Sojabohnen und Sojaöl, sondern auch Sojamehl in großen Mengen ein – ein Posten der häufiger in Statistiken fehlt.
[215] IFPRI 2007, S. 2.
[216] Berthelot 2008, S. 15.
[217] European Commission 2008.
[218] *Bridging the gap.* China Daily, 10.11.2008; *China outlines first multi-year grain security plan.* 13.11.2008, Xinhua.
[219] *Local food security concerns explain China's tough stance at failed WTO talks.* IPS, 12.8.2008.
[220] *China eyes overseas land in food push.* Financial Times, 8.5.2008.

[221] *Chinese debate pros and cons of overseas farming investments.* Guardian, 11.5.2008.
[222] *China says not pushing to expand farming overseas.* Reuters, 4.3.2009.
[223] *China rules out pursuit of African farmland.* Financial Times, 20.4.2009.
[224] Die Löwenanteile des Bestands ausländischer Direktinvestitionen Chinas entfallen auf die Rohstoffausbeutung, den Finanz- und den Handelssektor. Siehe: BICCS 2008, S.8.
[225] BICCS 2008.
[226] *Fruitful Agricultural Cooperation.* China.org.cn, 10.12.2003.
[227] *Minister: China's eight-measure economic policy on Africa well implemented.* Xinhua, 20.1.2009.
[228] BICCS 2008.
[229] Ebd.
[230] *China overseas food push not realistic.* Reuters, 9.5.2008.
[231] *China's long march to Africa.* BBC News, 29.11.2007.
[232] Ebd.
[233] Horta 2008.
[234] GRAIN 2007, S. 17.
[235] *Chinese agribusiness company in DR Congo to offer thousands of jobs for locals.* Xinhua, 10.7.2009.
[236] Pandey/Bhandari 2008.
[237] GRAIN 2005.
[238] Ebd.
[239] *Philippines: Groups investigate latest hybrid rice fiasco.* RESIST/GRAIN, 3.4.2009.
[240] *House to probe 'bansot' GMA rice.* The Philippine Star, 17.2.2009.
[241] *Peasant group denounces DuPont and IRRI partnership.* Pinoy Press, 13.3.2009.
[242] *Gov't Leases 1 Million Hectares to China Firm in Vague Contract.* Newsbreak, 17.10.2007.
[243] MOU 2007.
[244] *Profile of Philippine Agriculture.* Department of Agriculture: http://daweb.da.gov.ph/about/profile.htm
[245] MOU 2007.
[246] *Gov't Leases 1 Million Hectares to China Firm in Vague Contract.* Newsbreak, 17.10.2007.
[247] IDEALS 2007.
[248] MOU 2007.
[249] *Gov't Leases 1 Million Hectares to China Firm in Vague Contract.* Newsbreak, 17.10.2007.
[250] House of Representatives 2007, S. 628.
[251] *Gov't places more China deals on hold.* Philippine Daily Inquirer, 25.9.2007.
[252] AKBAYAN et al. 2008.
[253] *IRRI acting as sales rep for hybrid rice, threats land grabbing in many countries.* Pressemitteilung, Asian Peasant Coalition, www.asianpeasant.org
[254] World Bank 2009a, S. 110.
[255] Ebd., S. 16.
[256] Ebd., S. 13.
[257] Mitra/Josling 2009, S. 13f.
[258] Deutschland hat eine Fläche von 35,7 Millionen Hektar.
[259] Shiki 2000.
[260] Offiziell wurde das Programm 2001 beendet, bis 2003 allerdings flossen noch öffentliche Gelder. Eine vierte Phase wurde in Aussicht gestellt. Siehe: http://www.prodecer.com.br/; http://www.abrasil.gov.br/avalppa/RelavalPPA2002/content/av_prog/277/prog277.htm.
[261] Wienold 2006.

[262] Bickel 2004, S. 19.
[263] Schlesinger/Noronha 2006, S. 18.
[264] Shiki 2000.
[265] CEPEA-ESALQ 2007, S. 29.
[266] Siehe: Ferreira 2009; dos Santos et al. 2006.
[267] CEPEA-ESALQ 2007, S. 58ff.
[268] Ferreira 2009; CEPEA-ESALQ 2007, S. 98.
[269] Convervação Internacional 2004.
[270] Ebd., S. 7. Eine jüngere Untersuchung indes schätzt die künftigen Verluste deutlich geringer ein. Ferreira (2009) legt für seine Prognose die durchschnittliche Abholzungsrate von 0,3 Prozent des weit kürzeren Zeitraums 2002 bis 2007 zugrunde. Bis zum Jahr 2050 würden demnach 13,5 Prozent, d.h. 16 Millionen Hektar, der verbliebenen Vegetation verloren gehen. Jedoch unterliegen die Abholzungsraten starken Schwankungen und nahmen nicht nur im Cerrado, sondern auch in Amazonien 2007 wieder leicht zu (siehe: http://www.obt.inpe.br/prodes/). Zudem verweisen empirische Studien auf die starke Korrelation zwischen dem Weltmarktpreis, etwa dem der Soja, und den Abholzungsraten (etwa Morton et al. 2006). Diese Erkenntnis mag zwar wenig überraschen, gibt aber Anlass zur Sorge angesichts des prognostizierten höheren Niveaus der Agrarpreise.
[271] Zitiert in: CEPEA-ESALQ 2007, S. 103.
[272] Ebd.: S. 53.
[273] Schlesinger/Noronha, 2006, S. 108.
[274] Ebd., S. 24.
[275] *Agrifirma scraps hedge fund-style fees.* Financial Times, 9.3.2009.
Siehe auch: www.agrifirma-brazil.com
[276] Aquila Capital 2009, S. 49.
[277] *Japan Mitsui affiliate buys Brazilian farmland.* Reuters, 13.11.2007.
[278] *Conclusion of a Comprehensive Collaboration Agreement with Amaggi.*
Marubeni Corporation, Pressemitteilung, 1.5.2009.
[279] Ekasingh et al. 2007.
[280] Ebd., S. 7.
[281] Ebd, S. 132.
[282] Ahmad/Isvilanonda 2003, S. 9.
[283] Alwa/Entwisle, 2002.
[284] Ebd., S. 2.
[285] Ebd., S. 4.
[286] World Bank 2009a, S. 123.
[287] Ebd., S. xxiii.
[288] Ebd., S. 92.
[289] Ebd., S. 93.
[290] Ebd.: S. 115.
[291] World Bank 2007a, S. 9.
[292] Ebd, S. 92.
[293] Lahiff et al. 2007, S. 1425.
[294] Lahiff 2007, S. 24.
[295] Ebd., S. 1427.
[296] Zum historischen Hintergrund der Konferenz siehe: Werner/Kruger 2007.
[297] Siehe: Legal Assistance Center 2007a; Werner 2003.
[298] Legal Assistance Center 2005.
[299] Legal Assistance Center 2007a, S. 22.
[300] Ebd, S. 31.
[301] ISS/UNDP 2005.
[302] Legal Assistance Center 2007b, S. 21.
[303] ISS/UNDP 2005.

[304] ISS/UNDP 2005, S. 13.
[305] Legal Assistance Center 2007b, S. 21.
[306] Ebd., S. 23.
[307] ISS/UNDP 2005, S. 14.
[308] Legal Assistance Center 2007b, S. 18f.
[309] Im Fall der beiden Farmen Okosuru und Marburg klagte die Besitzerin deutscher Abstammung, Heidi Lacheiner-Kuhn, nicht gegen die Enteignung selbst, sondern gegen den von der Regierung gebotenen Preis von 3,2 Millionen Namibia-Dollar. Mit Erfolg: Die Regierung zahlte ihr schließlich 8 Millionen Namibia-Dollar. Siehe: *Germans to go head to head with Government over farm grab.* The Namibian, 14.7.2007.
[310] *Namibian court halts expropriation of farms.* Mail & Guardian, 6.3.2008.
[311] Legal Assistance Center 2007b, S. 29.
[312] Bundesregierung 2007.
[313] Zur Kritik der deutschen Landpolitik in Namibia siehe: Herre 2009.
[314] Siehe: Legal Assistance Center 2007a, S. 69f.
[315] GTZ 2004.
[316] *Germany Agrees to Fund Land Reform.* New Era (Windhoek), 8.11.2006.
[317] OECD 2004, S. 24.
[318] Putzel 2007, S. 2.
[319] Putzel 2009.
[320] *Pakistan opens more farmland to foreigners.* Reuters, 18.5.2009.
[321] BOI 2008.
[322] *UAE investors buy Pakistan farmland.* Financial Times, 11.5.2008.
[323] *Saudi in talks to lease Pakistan farmland: official.* Reuters, 1.9.09.
[324] *Pakistan eyeing corporate farming amid rising wheat crisis.* Kuwait News Agency (KUNA), 11.10.2008.
[325] World Bank 2007b, S. 49ff.
[326] *Leasing out land and food security.* The News, 4.9.2009.
[327] *Pakistan's farmland sales: a fatal folly?* Reuters, 6.5.2009. *Emirates Investment Group to buy Pakistan farmland.* Reuters, 28.4.2009.
[328] *Pakistan: Highly questionable farmland deals.* Business Recorder, 10.9.2009.
[329] *PARC against leasing land to foreign investors.* Daily Times, 16.9.2009.
[330] *Pakistan land for rent.* Islam Online, 22.4.2009.
[331] *Pakistan offers farmland to foreign investors.* Reuters, 20.4.2009.
[332] *Rethinking corporate farming.* Daily Times, 5.5.2009.
[333] *Frontier spirit embraces risks of Sudan.* Financial Times, 10.1.2009.
[334] *U.S. investor leads Southern Sudan land deal.* Reuters, 12.1.2009.
[335] *Frontier spirit embraces risks of Sudan.* Financial Times, 10.1.2009.
[336] *Buyer sees profit in warlord's land.* Financial Times, 10.1.2009.
[337] *U.S. investor leads Southern Sudan land deal.* Reuters, 12.1.2009.
[338] Pantuliano 2007.
[339] Zitiert in: Shanmugaratnam 2008, S. 7.
[340] Mondragón 2006: S 165.
[341] CODHES 2009.
[342] Mondragón, 2007.
[343] Comisión de Seguimiento 2009, S. 30.
[344] Zelik 2009.
[345] *Chiquita to plead guilty to ties with terrorists.* CNN, 14.3.2007.
[346] *Families of 73 Victims of Colombian Paramilitaries File Wrongful Death Lawsuit Against Dole Food Company.* Reuters, 28.4.2009.
[347] Comisión Colombiana de Juristas, 2008.
[348] CODHES 2009.

[349] Fritz 2008b, S. 61.
[350] Mingorance, 2006, FN 205, S. 39.
[351] *Colombia : Buscan destrabar inversión extranjera en el agro*. Portafolio, 10.6.2009.
[352] *Colombia: Ley de Víctimas rechazada en el Senado, Uribe no la apoyó*. Infolatam, 18.6.2009.
[353] Zelik 2009.
[354] OECD 2004, S. 36.
[355] Deininger et al. 2006, S. 1.
[356] World Bank 2009b, S. 3.
[357] Velásquez 2008, S. 3 und 37.
[358] Alston et al. 1999, S. 32.
[359] OECD 2004, S. 12.
[360] Ebd., S. 35.
[361] *Out with those white farmers. Zimbabwe's land invasions.* The Economist, 17.9.2009.
[362] *Beginning of end for white Zimbabwe farmers.* Financial Times, 21.9.2009.
[363] International Crisis Group 2004, S. 27.
[364] Moyo 2004.
[365] Mamdani 2008.
[366] International Crisis Group 2004, S. XII.
[367] Ebd., S. 54.
[368] Moyo 2004.
[369] Ebd.
[370] International Crisis Group 2004, S. 76f.
[371] Ebd, S. 106.
[372] Mamdani 2008.
[373] IDMC 2008, S. 31.
[374] Chambati 2007, Moyo/Yeros 2009.
[375] Die Aufteilung in A1- und A2-Farmen existierte bereits in der marktbasierten Agrarreform seit der Unabhängigkeit, die Kategorien wurden mit der *Fast Track*-Reform jedoch noch weiter intern ausdifferenziert. Siehe: Moyo 2004, S. 22.
[376] Mamdani 2008.
[377] Chambati 2007.
[378] Mamdani 2008, Moyo 2004, S. 24.
[379] IDMC 2008, S. 37.
[380] FAO/WFP 2009.
[381] Mamdani 2008.
[382] Cousins 2009, S. 45.
[383] Bis 2007 ist der Anteil HIV-positiver Erwachsener zwar auf 15 Prozent gesunken, jedoch gibt es ebenso viele infizierte Kinder. Nur 19 Prozent der Erkrankten haben Zugang zu anti-retroviraler Behandlung. Siehe: FAO/WFP 2009, S. 26f.
[384] Scoones 2008.
[385] Ebd.
[386] Cousins 2009, S. 46.
[387] *South Africa World Cup 2010… and the shooting's already started.* Daily Mail, 10.9.2009.
[388] OECD 2004, S. 35.
[389] *Out with those white farmers. Zimbabwe's land invasions.* The Economist, 17.9.2009. Zu diesem Missverhältnis siehe auch: Stone 2007.
[390] FAO 2009a.
[391] World Bank 2009b.
[392] G8 2009, Absatz 113 b).
[393] Nachdem die konservative Liberaldemokratische Partei (LDP) von Taro Aso die Unterhauswahlen im August 2009 verlor, trat im September 2009 Yukio Hatoyama von der

Demokratischen Partei (DPJ) das Amt des Ministerpräsidenten an. Siehe: *Hatoyama neuer Ministerpräsident Japans.* Reuters, 16.9.2009.
[394] *The world must learn to live and farm sustainably.* Taro Aso, Financial Times, 5.7.2009.
[395] AU/AfDB/ECA 2009, S. 32f.
[396] Törhönen 2009.
[397] FAO 2009b.
[398] Ebd, S. 18ff.
[399] World Bank 2009b.
[400] IIED/FAO/IFAD 2009, S. 108f.
[401] Hoering 2009.
[402] IFPRI 2009.
[403] IIED/FAO/IFAD 2009, S. 84.
[404] Ebd, S. 86.
[405] De Schutter 2009, S. 6 und S. 14.
[406] World Bank 2009a, S. 87.
[407] Hazell et al. 2007, S. 10ff.
[408] World Bank 2009a, S. 88.
[409] Sawit Watch/Forest Peoples Programme, 2006, S. 8.
[410] Razavi 2007, S. 1485.
[411] Siehe hierzu auch Hoering 2007, S. 115ff.
[412] World Bank 2009a, S. 89.
[413] World Bank 2007a, S. 92.
[414] Hazell et al. 2007, S.10.
[415] Havnevik et al., S. 57f.
[416] Ebd., S. 35f.
[417] Razavi 2007: S. 1493f.
[418] Amin 2003.
[419] Ebd.
[420] Havnevik et al. 2007 : S. 50.
[421] Ebd., S. 63.
[422] Ebd.
[423] Moyo 2004, S. 26.

LITERATUR

Ahmad, Alia/Isvilanonda, Somporn, 2003: *Rural Poverty and Agricultural Diversification in Thailand*. Paper presented at the Second Annual Swedish School of Advanced Asia and Pacific Studies, 24-26 October 2003, Lund.

AKBAYAN et al., 2008: *Petition for Certiorari and Prohibition. With Application for a Temporary Restraining Order and/or Preliminary Injunction.* Republic of the Philippines, Supreme Court, 19.2.2008, Quezon City.

Alston, Lee J./Libecap, Gary D./Mueller, Bernardo, 1999: *Land Reform Policies, the Sources of Violent Conflict, and Implications for Deforestation in the Brazilian Amazon.* Juli.

Alva, Soumya/Entwisle, Barbara, 2002: *Employment Transitions in an Era of Change in Thailand.* In: Southeast Asian Studies, Vol. 40, No. 30, Dezember, S. 303-326.

Amin, Samir, 2003: *World Poverty, Pauperization, and Capital Accumulation.* In: Monthly Review, Vol. 55, No. 5.

Aquila Capital, 2009: *AC AgrarINVEST I/2009. Beteiligungsangebot.* Hamburg.

Austin, Sam, 2008: *The Question of Land Privatization in China's 'Urban-Rural Integration'.* In: China Left Review, Issue No. 1 (Spring 2008).

AU/AfDB/ECA, 2009: *Framework and Guidelines on Land Policy in Africa.* African Union, African Development Bank, Economic Commission for Africa, Revised Version, March 2009.

Berry, L., 2003: *Land Degradation in China. Its Extent and Impact.* April.

Berthelot, Jaques, 2008: *Démêler le vrai du faux dans la flambée des prix agricoles mondiaux.* Solidarité, 18. Mai.

BICCS, 2008: *China's foreign farming policy.* Brussels Institute of Contemporary China Studies, BICCS Asia Paper, Vol. 3 (9).

Bickel, Ulrike, 2004: *Brasil: Expansão da Soja, Conflitos Sócio-Ecológicos e Segurança Alimentar.* Universidade de Bonn, Januar.

BOI 2008 : *Salient Features of Investment Policy for Corporate Agriculture Farming (CAF).* Pakistan Board of Investment. www.pakboi.gov.pk

Bruinsma, Jelle, 2009: *The Resource Outlook to 2050: By How Much Do Land, Water and Crop Yields Need to Increase by 2050?* FAO, Expert Meeting on How to Feed the World in 2050.

Bundesregierung, 2007. *Deutsche Entwicklungszusammenarbeit und Landreform in Namibia, unter besonderer Berücksichtigung der San-Problematik.* Antwort der Bundesregierung auf die Kleine Anfrage der Fraktion DIE LINKE, Drucksache 16/7240, 12.11.2007.

CEPEA-ESALQ, 2007: *The Brazilian Cerrado Experience With Competitive Commercial Agriculture. A Critical Review.* Universidade de São Paulo, Dezember.

Chambati, Walter, 2007 : *Impact of FTLRP on Farm Workers and Labour Processes in Zimbabwe.* African Institute for Agrarian Studies, Präsentation.

Christanty, Linda, 1986. *Shifting Cultivation and Tropical Soils: Patterns, Problems, and Possible Improvements.* In: Gerald G. Marten (1986): *Traditional Agriculture in Southeast Asia: A Human Ecology Perspective.* Boulder, S. 226-240.

CODHES, 2009: *Víctimas emergentes. Desplazamiento, derechos humanos y conflicto armado en 2008.* Codhes Informa, No. 75, 22.4.2009, Bogotá.

Collectif pour la Défense des Terres Malgaches, 2009a: *Madagascar – Daewoo fait main basse sur la terre.* In : Newsletter N° 3, Februar, www.terresmalgaches.info

- 2009b: Newsletter N° 6, Juli, www.terresmalgaches.info

Comisión Colombiana de Juristas, 2008: *Aprobada ley que legaliza la usurpación armada de tierras.* Boletín No. 26: Serie sobre los derechos de los víctimas y la aplicación de la ley 975, Bogotá, 13.3.2008.

Comisión de Seguimiento, 2009: *Política de Tierras para la Población Desplazada.* Comisión de Seguimiento a la Política Pública sobre Desplazamiento Forzado, 30.6.2009, Bogotá.

Conservação Internacional, 2004: *Estimativas de perda da área do Cerrado brasileiro.* Brasilia, Juli.

Cousins, Ben, 2009: *A Reply to Mamdani on the Zimbabwean Land Question.* In: Concerned Africa Scholars, Bulletin No. 82, Summer 2009, S. 45-47.

Dabat, Marie-Hélène/Razafimandimby, Simon, 2005 : *Crise hier, opportunités aujourd'hui, défis pour demain : le cas de la filière riz à Madagascar.* Colloque scientifique, FOFIFA/SCAC, 6.-7.12.2005, Antananarivo.

Deininger, Klaus/Ayalew, Daniel/Yamano, Takashi, 2006: *Legal knowlegde and economic development: The case of land rights in Uganda.* World Bank, Policy Research Working Paper 3868, März.

De Schutter, Olivier, 2009: *Large-scale land acquisitions and leases: A set of core principles and measures to address the human rights challenge.* Special Rapporteur on the Right to Food, 11.6.2009.

Deutsche Bank, 2004: *Global Investment Management. Deutsche Bank (PWM) SICAV – Alternative Strategies EURO.* Q2 Review, July 2004.

Dos Santos, E.V./Ferreira, L.A.B./Lambert, D./de Souza, C.L./de Aula Pontes

Mendes, E./Mendes Ferreira, I. 2006 : *A Ocupação do bioma Cerrado*. Universidade Federal de Goiás (UFG).

EBRD/FAO, 2008: *Fighting food inflation through sustainable investment*. European Bank for Reconstruction and Development/Food and Agriculture Organization of the United Nations, 10. März, London.

Ekasingh, Benchaphun/Sungkapitux, Chapika/Kitchaicharoen, Jirawan/Suebpongsang, Pornsiri, 2007: *Competitive Commercial Agriculture in the Northeast of Thailand*. Chiang Mai, August.

European Commission, 2008: *China: Out of the Dragon's Den?* Monitoring Agri-Trade Policy (MAP), No. 01-08, Mai 2008.

FAO, 2009a: *From Land Grab to Win-Win. Seizing the Opportunities of International Investments in Agriculture*. Food and Agriculture Organization of the United Nations, Policy Brief 4, Juni.

- 2009b: *Towards Voluntary Guidelines on Responsible Governance of Tenure of Land and other Natural Resources. Discussion Paper.* Land Tenure Working Paper 5, Januar.

- 2009c: *The State of Food Insecurity in the World. Economic Crises – impacts and lessons learned*. Food and Agriculture Organization of the United Nations. Rom.

- 2006: *Global Forest Resources Assessment 2005. Progress towards sustainable forest management*. FAO Forestry Paper 147. Rom.

- 2003a: *World agriculture: towards 2015/2030. An FAO perspective*. London.

- 2003b: *Overview of Land Value Conditions*. Rom, AGL/MISC/35/2003.

- 1984/85: *Changes in Shifting Cultivation in Africa*. In: Unasylva, Vol 37, No. 150.

- 1957, *Shifting Cultivation*. In: Unasylva, Vol. 11, No. 1.

FAO/WFP, 2009: *FAO/WFP Crop and Food Security Assessment Mission to Zimbabwe*. Food and Agriculture Organisation/World Food Programme, 22. Juni.

Ferreira, Nilson C., 2009: *Cerrado: Ocupação Atual e Cenários Futuros. A agonia de um bioma grandioso*. Präsentation, LAPIG, Universidade Federal de Goiás (UFG).

Fritz, Thomas, 2007: *Das grüne Gold – Welthandel mit Bioenergie: Märkte, Macht und Monopole*. FDCL, Berlin.

- 2008a: *Dem Weltmarkt misstrauen - Die Nahrungskrise nach dem Crash*. FDCL, Dezember, Berlin.

- 2008b: *Agroenergie in Lateinamerika: Fallstudie anhand vier ausgewählter Länder: Brasilien, Argentinien, Paraguay und Kolumbien*. Brot für die Welt/FDCL, Mai, Stuttgart/Berlin.

G8, 2009: *Responsible Leadership for a Sustainable Future.* 8.7.2009, L'Aquila.

GRAIN, 2009: *CGIAR joins global farmland grab.* Against the Grain, September.

- 2007: *Agrofuels special issue.* Seedling, Juli 2007.

- 2005: *Fiasco in the field. An update on hybrid rice in Asia.* März 2005.

GRC, 2008: *Potential for GCC Agro-investments in Africa and Central-Asia.* Gulf Research Center, GRC Report, September.

GTZ, 2004. *Schlüssel für die Landreform.* In: Akzente, 4/04, S. 28-30.

Havnevik, Kjell/Bryceson, Deborah/Birgegard, Lars-Erik/Matondi, Prosper/Beyene, Atakilte, 2007: *African Agriculture and the World Bank. Development or Impoverishment?* The Nordic Africa Institute, Policy Dialogue No.1, Uppsala.

Hazell, Peter/Wood, Stanley, 2008: *Drivers of change in global agriculture.* In: Philosophical Transactions of the Royal Society, B, 363, S. 495-515.

Hazell, Peter/Poulton, Collin/Wiggins, Steve/Dorward, Andrew, 2007: *The Future of Small Farms for Poverty Reduction and Growth.* International Food Policy Research Institute (IFPRI), Mai, Washington.

Helmers, Glenn A., 2001: *Is Farmland a Good Investment?* Cornhusker Economics, Cooperative Extension, 16.5.2001.

Herre, Roman, 2009: *Germany's Official Development Assistance in Land Policies.* Transnational Institute/11.11.11., Land Policy Series 5, September, Amsterdam.

Hoering, Uwe, 2009: *Leitlinien für Landraub. Ein Kommentar.* 28.6.2009. www.globe-spotting.de/comments.html

- 2007: *Agrar-Kolonialismus in Afrika. Eine andere Landwirtschaft ist möglich.* Hamburg.

Horta, Loro, 2008: *The Zambezi Valley: China's First Agricultural Colony?* Center for Strategic and International Studies (CSIS). http://forums.csis.org/africa/?p=120/

House of Representatives, 2007: *Congressional Record. Plenary Proceedings of the 14th Congress, First Regular Session.* Vol. 2, No. 30-g, 12.10.2007.

Ickowitz, Amy, 2004: *Shifting Cultivation and Deforestation: questioning the dominant narrative in tropical Africa.* University of California, April.

IDEALS, 2007: *Analysis of the RP-China Memorandum of Understanding (MOU) on the Development of 1 Million Hectares of Land for Hybrid Corn, Hybrid Rice, and Hybrid Sorghum Farming.* AR Dialogues, No 3-07, 24.7.2007.

IDMC, 2008 : *The Many Faces of Displacement : IDPs in Zimbabwe.* Internal Displacement Monitoring Center, August, Genf.

IFAD, 2006: *Republic of Madagascar: Country strategic opportunities programme.*

International Fund for Agricultural Development, November, Rom.

IFPRI, 2009: *'Land Grabbing' by Foreign Investors in Developing Countries: Risks and Opportunities.* International Food Policy Research Institute, Policy Brief 13, April.

- 2007: *The World Food Situation: New Driving Forces and Required Actions.* Joachim von Braun, International Food Policy Research Institute, 4. Dezember.

IIASA/FAO 2002: *Global Agro-ecological Assessment for Agriculture in the 21st Century: Methodology and Results.* International Institute for Applied Systems Analysis/Food and Agriculture Organisation of the United Nations, Laxenburg/Rom.

IIED/FAO/IFAD, 2009: *Land grab or development opportunity? Agricultural investment and international land deals in Africa.* London/Rom.

IISD, 2009: *A Thirst for Distant Lands: Foreign investment in agricultural land and water.* International Institute for Sustainable Development. Mai, Winnipeg.

International Crisis Group, 2004: *Blood and Soil. Land, Politics and Conflict Prevention in Zimbabwe and South Africa.* ICG Africa Report No. 85, Brüssel.

IPPC, 2007: *Climate Change 2007: Impacts, Adaptation and Vulnerability. Contribution of Working Group II to the Fourth Assessment Report of the Intergovernmental Panel on Climate Change.* Cambridge.

IRD, 2008: *A role for slash and burn farming in greenhouse effect control.* Institute de recherche pour le développement, Actualité scientifique, Sheet No. 3, Oktober.

ISS/UNDP, 2005: *Land reform in Namibia: Issues of equity and poverty.* Institute of Social Studies/United Nations Development Programme. Land, Poverty and Public Action Policy Paper, Nr. 8, Dezember.

IWMI, 2005: *Water Supply, Water Demand and Agricultural Water Scarcity in China: A Basin Approach.* International Water Management Institute, Dezember.

Kerr, Richard A., 2009: *India's Groundwater Disappearing at Alarming Rate.* ScienceNOW Daily News. 10. August.

Knight Frank/Citi Private Bank, 2009: *The Wealth Report 2009.*London.

Lahiff, Edward, 2007: *Land Reform and Poverty in South Africa.* Programme for Land and Agrarian Studies (PLAAS), University of the Western Cape, 18.6.2007.

Lahiff, Edward/Borras Jr., Saturnino M./Kay, Cristóbal, 2007: *Market-led agrarian reform: policies, performance and prospects.* In: Third World Quarterly, Vol. 28, No. 8, S. 1417-1436.

Legal Assistance Center, 2007a: *Proceedings of the Legal Assistance Center/Institute for Public Policy Research. Consultative Workshop: Perceptions on Land Reform.* Windhoek.

- 2005: *Our Land We Farm. An analysis of the Namibian Commercial Agricultural Reform Process.* September, Windhoek.

Li, Cheng, 2009: *Hu Jintao's Land Reform: Ambition, Ambiguity, and Anxiety.* China Leadership Monitor, No. 27, Winter 2009.

Lissitsa, Alex, 2009: *Ukrainian Agri Food Sector 2009 – An Overview.* Präsentation, Ukrainian Agribusiness Club.

Lucas, Sarah, 2006: *Madagascar Field Report.* MCA Monitor, Center for Global Development. Dezember.

Mamdani, Mahmood, 2008 : *Lessons of Zimbabwe: Mugabe in Context.* London Review of Books, Vol. 30, No. 30, 4. Dezember.

MAP, 2006: *Plan d'Action Madagascar 2007-2012. Un Plan Audacieux pour le Développement Rapide.*

Markakis, John, 2004: *Pastoralism on the Margin.* Minority Rights Group International, London.

MCC, 2005: *Summary of the Millennium Challenge Compact With the Republic of Madagascar.* Millennium Challenge Corporation. Federal Register, 28. April, Vol. 70, Nr. 81, S. 22065-22154.

Mérega, Juan Luis/Palmili, Gabriel/Westreicher, Carlos Andaluz, 2006 : *Review of the literature on Pastoral Economics and Marketing: South America.* Report prepared for the World Initiative for Sustainable Pastoralism.

Milieudefensie/Lembaga Gemawan/KONTAK Rakyat Borneo, 2007: *Policy, Practice, Pride and Prejudice.* Juni, Amsterdam.

Mingorance, Fidel, 2006: *El flujo del aceite de palma Colombia – Bélgica/Europa.* Human Rights Everywhere/Coordination Belge pour la Colombie, November 2006, Brüssel.

Mitra, Siddhartha/Josling, Tim, 2009: *Export Restrictions: Welfare Implications and Trade Disciplines.* International Food & Agricultural Trade Policy Council (IPC), Position Paper, Januar.

Moncel, Corinne, 2009: *Sanglante escalade.* In: Afrique Asie, Mars 2009, S. 30-32.

Mondragón, Héctor, 2007: *Colombia: Caña de Azúcar, Palma Aceitera, Biocombustibles y relaciones de dominación.* 11.4.2007, www.pachakuti.org

- 2006: *Colombia – Agrarian reform: Fake and genuine.* In: Rosset, P./Patel, R./Courville, M. (Hrsg.): *Promised land: Competing visions of agrarian reform.* Oakland, S. 165-176.

Morton, Douglas C., et al., 2006: *Cropland expansion changes deforestation dynamics in the Southern Brazilian Amazon*. Proceedings of the National Academy of Sciences, Vol. 103, No. 39, 26.9.2006, 14637-14641.

MOU, 2007: *Memorandum of Understanding on Construction of Agriculture Technology Transfer Center and Grain Production and Processing Base in the Philippines*. 15.1.2007.

Moyo, Sam, 2004: *The Land and Agrarian Question in Zimbabwe*. Paper presented at the conference 'The Agrarian Constraint and Poverty Reduction: Macroeconomic Lessons for Africa', Addis Ababa, 17.-18. Dezember 2004.

Moyo, Sam/Yeros, Paris, 2009: *Zimbabwe Ten Years On : Results and Prospects*. Monthly Review, MR Zine, 10.2.2009, http://www.monthlyreview.org/mrzine/my100209.html

OECD, 2004: *Land, Violent Conflict, and Development*. OECD Development Centre, Working Paper No. 233, Paris.

OECD/FAO, 2009: *Agricultural Outlook 2009-2018. Highlights*. Organisation for Economic Co-Operation and Development/Food and Agriculture Organisation of the United Nations, Paris/Rom.

Nori, Michele/Taylor, Michael/Sensi, Alessandra, 2008: *Browsing on fences. Pastoral land rights, livelihoods and adaptation to climate change*. IIED, Issue Paper, No. 148, Mai.

Pandey, Sushil/Bhandari, Humnath, 2008: *Economics of hybrid rice: Issues and Opportunities*. Präsentation, International Rice Research Institute (IRRI).

Pantuliano, Sara, 2007: *The land question: Sudan's peace nemesis*. Overseas Development Institute, HPG Working Paper, Dezember.

Park, Seung Woo/Green, Gary P., 1993: *Agrarian Transformation and Colonialism: An Historical-Comparative Study of Korea and the Philippines*. In: International Journal of Sociology of Agriculture and Food, Vol. 3, 1993, S. 142-166.

Payne, Susan, 2008: *Food, Glorious Food: Emergent in Africa*. Präsentation, Agriprods Agricultural Forum, 25.11.2008.

Presidency of the Republic, 2008: *Law N° 2007-036 Dated 14th January 2008 relating to investment in Madagascar*. Repoblikan'i Madagasikara.

Putzel, James, 2009: *Land Policies and Violent Conflict: Towards Addressing the Root Causes*. FIG-World Bank Conference, Washington, 9.-10. März 2009.

- 2007: *Managing Land and the Prevention of Violent Conflict*. UNDP/Wilton Park/JICA, Conflict Prevention and Development Co-operation in Africa: A Policy Workshop, November.

Ray, Darryll E., 2007: *Perfect record on predicting China corn imports so far:*

Always wrong. Agricultural Policy Analysis Center (APAC), Policy Pennings, Article Number 385, Dezember.

Rylko, Dmitry, 2008: *Russian, Ukrainian, Kazakhstan grain and oilseed sector: "historical chance" and highest risks*. Präsentation, IKAR.

Sawit Watch/Forest Peoples Programme, 2006: *Ghosts on our Own Land: Indonesian Oil Palm Smallholders and the Roundtable on Sustainable Palmoil*. Bogor/Moreton-in-Marsh.

Schlesinger, Sergio/Noronha, Silvia, 2006: *O Brasil está nu! O avanço da monocultura da soja, o grão que cresceu demais*. FASE, Rio de Janeiro, November.

Scoones, Ian, 2008: *A new start for Zimbabwe?* Papier des Projekts *Livelihoods after Land Reform in Southern Africa*, 15. September, www.lalr.org.za

SeFaFi, 2008: *Comment gerer nos terres?* Sehatra Fanaraha-Maso Ny Fiainam-Pirenena, Antananarivo, 8. Dezember.

Seidenberg, Charlotte/Mertz, Ole/Kias, Morten Bilde, 2003: *Fallow, labour and livelihood in shifting cultivation: implications for deforestation in northern Lao PDR*. In: Geografisk Tidsskrift, Danish Journal of Geography 103(2), S. 71-80.

Shanmugaratnam, Nadarajah, 2008: *Post-War Development and the Land Question in South Sudan*. Norwegian University of Life Sciences (UMB).

Shiki, Shigeo, 2000: *Globalização do domínio dos cerrados: sustentabilidade do sistema agroalimentar sob regulação privada*. FASE, Brasil Sustentável e Democrático.

Simel, Joseph Ole, 2003: *The Anglo-Maasai-Agreements/Treaties – a case of Historical Injustice and the Dispossession of the Maasai Natural Resources (Land), and the Legal Perspectives*. Office of the United Nations High Commissioner for Human Rights, Background Paper, HR/GENEVA/TSIP/SEM/2003/BP.7

Stone, Brendan, 2007: *Zimbabwe's Different Path and Penalty Incurred*. Global Research, 22.5.07, www.globalresearch.ca/idnex.php?context=va&aid=5730

Tauli-Corpuz, Victoria/Tamang, Parshuram, 2007: *Oil Palm and Other Commercial Tree Plantations, Monocropping: Impacts on Indigenous Peoples' Land Tenure and Resource Management Systems and Livelihoods*. Permanent Forum on Indigenous Issues, Sixth Session, New York, 14-25 May 2007, E/C.19/2007/CRP.6

Törhönen, Mika-Petteri, 2009: *Voluntary guidelines for responsible governance of tenure of land and other natural resources*. Präsentation. 9.-10.3.2009, Washington.

UNDP/FAO, 2007: *Globalization, Agriculture, and the Least Developed Countries*. United Nations Ministerial Conference of the Least Developed Countries, 9-11.7.2007, Istanbul.

UNEP, 2007: *Global Environment Outlook: GEO 4. Environment for Development*. Nairobi.

United Nations, 2009: *World Population Prospects. The 2008 Revision. Highlights*. Department of Economic and Social Affairs, Population Division, ESA/P/WP.210, New York.

University of Copenhagen, 2009: *Climate Change: Global Risks, Challenges & Decisions*. Synthesis Report, Copenhagen.

USDA, 2009: *Agricultural Economy and Policy Report – China*. United States Department of Agriculture, Februar.

Velásquez Guijo/Andrea P., 2008: *The formality in property rights: determinant in the military strategy of armed actors*. University of Sussex, HiCN Working Paper 39, Januar.

Werner, Wolfgang, 2003: *Land Reform in Namibia: Motor or Obstacle of Democratic Development*. Paper presented at a Meeting on Land Reform in Southern Africa, Friedrich-Ebert-Stiftung, Berlin, 28.5.2003.

Werner, Wolfgang/Kruger, Bertus, 2007: *Redistributive Land Reform and Poverty Reduction in Namibia*. Liverlihoods after Land Reform: Country Paper, Draft, März.

Wienold, Hanns, 2006: *Brasiliens Agrarfront: Landnahme, Inwertsetzung und Gewalt*. In: Peripherie, Nr. 101/102, 26. Jg., S. 43-68.

WISP, 2006. *Global Review of the Economics of Pastoralism*. World Initiative for Sustainable Pastoralism, Nairobi.

World Bank, 2009a: *Awakening Africa's sleeping giant: Prospects for commercial agriculture in the Guinea Savannah zone and beyond*. Februar.

- 2009b: *Foreign Investment in Agricultural Production: Opportunities and Challenges*. Agriculture & Rural Development Notes, Issue 45, Januar.

- 2008a: *Addressing the Food Crisis: The Need for Rapid and Coordinated Action*. Group of Eight, Meeting of Finance Ministers, Osaka, 5. Juni.

- 2008b: *Who Are the Net Food Importing Developing Countries?* Policy Research Working Paper 4457, Januar.

- 2007a: *World Development Report 2008: Agriculture for Development*. Washington.

- 2007b: *Pakistan. Promoting Rural Growth and Poverty Reduction*. Report No. 39303-PK, 30.3.2007.

Zelik, Raul, 2009: *Barbarisierter Staat*. Junge Welt, 22.6.2009.

Abkürzungen

ADM	Archer Daniels Midland
AIDS	Acquired Immune Deficiency Syndrom
AIG	American International Group
AUC	Autodefensas Unidas de Colombia
CARP	Comprehensive Agrarian Reform Program
CCX	Chicago Climate Exchange
CDM	Clean Development Mechanism
CFU	Commercial Farmers Union
CIA	Central Intelligence Agency
CNOOC	China National Offshore Oil Corp
CODHES	Consultoría para los Derechos Humanos y el Desplazamiento
COFCO	China National Cereals, Oils and Foodstuffs Import & Export Corporation
CSFAC	China State Farm Agribusiness Corp
EDBM	Economic Development Board of Madagascar
FAO	Food and Agriculture Organisation of the United Nations
FARC	Fuerzas Armadas Revolucionarias de Colombia
GTZ	Gesellschaft für Technische Zusammenarbeit
IDS	Institute of Development Studies
IDEALS	Initiative for Dialogue and Empowerment through Alternative Legal Services
IFAD	International Fund for Agricultural Development
IFC	International Finance Corporation
IFPRI	International Food Policy Research Institute
IIED	International Institute for Environment and Development
IPCC	International Panel on Climate Change
IRRI	International Rice Research Institute
IWF	Internationaler Währungsfonds
JICA	Japan International Cooperation Agency
KfW	Kreditanstalt für Wiederaufbau
KMP	Kilusang Magbubukid ng Pilipinas

MCC	Millennium Challenge Corporation
MDC	Movement for Democratic Change
OECD	Organisation for Economic Co-operation and Development
PRODECER	Programa de Cooperação Nipo-Brasileira para o Desenvolvimento do Cerrado
SCAIAP	Saudi Company for Agricultural Investment and Animal Production
SeFaFi	Sehatra Fanaraha-Maso Ny Fiainam-Pirenena
SFAC	State Farm Agribusiness Corp
SPLA	Sudan People's Liberation Army
SPLM	Sudan People's Liberation Movement
SWAPO	South-West Africa People's Organisation
UN	United Nations
UNEP	United Nations Environment Programme
UNDP	United Nations Development Programme
UNRISD	United Nations Research Institute for Social Development
WFP	World Food Programme
WTO	World Trade Organisation
ZANU-PF	Zimbabwe African National Union – Patriotic Front
ZAPU	Zimbabwe African Patriotic Union

Weitere Publikationen von Thomas Fritz

Agroenergie in Lateinamerika
Fallstudie anhand vier ausgewählter Länder: Brasilien, Argentinien, Paraguay, Kolumbien | Mai 2008
ISBN 978-3-923020-41-6
Hrsg.: Brot für die Welt, FDCL e.V.

Dem Weltmarkt misstrauen
Die Nahrungskrise nach dem Crash
Dezember 2008
ISBN 978-3-923020-43-0
Hrsg.: FDCL e.V.

Das Forschungs- und Dokumentationszentrum Chile-Lateinamerika (FDCL e.V.)
ist seit 1974 als Informations- und Kommunikationszentrum Anlaufstelle und Treffpunkt für Menschen und Gruppen, die sich über Lateinamerika informieren oder zu bestimmten Themen engagieren wollen. Diverse Projekte, politische Initiativen, Länderkomitees, MigrantInnengruppen und lateinamerikabezogene Medienprojekte arbeiten unter dem Dach des FDCL. Mit unserem Archiv leisten wir seit der Gründung des Vereins im Jahre 1974 einen kontinuierlich kritischen Beitrag zur Dokumentation der sozialen, wirtschaftlichen und politischen Entwicklungen in Lateinamerika und dessen Beziehungen zu den Ländern des „Nordens".
Mehr zu unserer Arbeit – und vielen Publikationen zum Herunterladen – **im Internet unter: www.fdcl.org. Oder im direkten Kontakt:** Im Mehringhof, Gneisenaustraße 2a, D-10961 Berlin
Fon: +49.30.6934029 | Fax: +49.30.6926590 | E-Mail: info@fdcl.org.